JN235108

Professional Leader's Bible

プロフェッショナルリーダーの教科書

危機を乗り越え、勝ち続けるための鉄則

経営者ブートキャンプ［編］

東洋経済新報社

まえがき

時代は本物のリーダーを求めている

本書は、今後10年を勝ち抜くために経営者やリーダーはどうあるべきか、何をすべきかについて書いた本です。単なる理論や精神論ではなく、5人の講師が、経営者としての実体験にもとづいた、現場で役立つスキルやマインド、戦略、知恵を解説します。

特に次のような、経営者やリーダーなら誰もが知りたい、結果を出すための実践的なノウハウを具体的に紹介します。

・リーダーとして就任したらまず何をすべきか？
・部下といかにコミュニケーションをとればいいか？
・業績向上のためにどのような戦略をとるべきか？
・成果を出すには戦略をどのように実行させればいいか？

本当のところ、経営は実践でしか学べません。ですから、実際の経営に携わっている経営者の方には納得できることが多いと思います。もちろん、これから経営者を目指す方であっても、経営の鉄則と体験談にもとづくアドバイスを学ぶことで、それに近い疑似体験をすることには大きな意義があります。

実際の経営の現場には、数々の困難が待ち受けています。

・リーダーとしての権威を獲得できない。
・会社の問題点が把握できない。
・社員とコミュニケーションがとれない。
・組織の人間関係の問題を解決できない。
・業績が上がらない。
・部下のマネジメントが上手くいかない。
・企業改革が進まない。
・経営にスピード感が出ない。

本書を読んで、経営者やリーダーになるとこのような問題に直面することになるということを知っておけば、実際の現場での腹の据わり具合が違います。本書において私たちが目指していることの1つが、こうした学習効果です。

現在、日本には100万人以上の「リーダー人材市場」があります。私をはじめとする講師陣がそうであったように、外部から社長を招聘《しょうへい》する企業は毎年数千社あり、後継者がいないために廃業していく中小企業、あるいは、優秀な経営幹部を求めている企業もたくさんあります。

若いうちに自分を磨いた人には、大きなチャンスが広がっているわけです。

そのため、本書では、次のような長いスパン、大きなテーマに対する助言も取り上げています。

・どのようにすれば、プロフェッショナルリーダーになれるのか?
・どのようにすれば、今後の10年、20年を勝ち抜く経営者になれるのか?

本書で各講義を担当するのは、経営者の養成研修を行っている「実践・経営者ブートキャンプ」(主催:株式会社 経営者JP)で熱弁をふるう5人の講師陣です。

簡単に紹介すると、新将命氏は、ジョンソン・エンド・ジョンソンなど外資各社で成功を収めてきた伝説の経営者です。池本克之氏は、数々の上場請負実績がある経営プロコーチです。福田秀人氏は、ご自身も企業再生の経験のあるランチェスター戦略のオーソリティです。井上和幸氏は、6000人以上のエグゼクティブとかかわってきた人材コンサルタントです。また、私（山田修）は、これまで6社を経営し再生してきました。手前味噌になりますが、いずれも一騎当千の経営者（元経営者）であり、研修や講演、出版でも活躍しているメンバーです。

いま時代は、本物のリーダーを求めています。教科書的な戦略では、難局を好転させることも、今後10年、20年と勝ち抜いていくことも難しいでしょう。

井上和幸氏が、講義の中でプロフェッショナルリーダーに共通する素顔を挙げていますので、参考までにここでも記しておきます。

・「経営者になる！」という覚悟をどこかの時点で決めている。
・とても勉強熱心である。
・学んだことを可能な限り行動に移す実行力をもっている。
・社外に良質のコミュニティをいくつももっている。
・優秀なブレーンを複数もっている。
・世の中の事象に対して一家言をもっている。

・どんな問題であっても明確な答えがすぐに出てくる。
・とても素直である。
・地位や年齢に関係なく、好奇心をもって他の人からつねに学んでいる。
・健康管理のため体力づくりを欠かさない。
・明るくポジティブである。
・積極的に人生や仕事を楽しみ、周りの人を元気にする。

ご自分と重ねてみていかがでしょうか。本物の経営者、リーダーを目指すみなさんは、まず心構えとしてこれらを銘記しておくとよいでしょう。あわせて、本書に登場する、修羅場をくぐってきた講師陣の言葉を成長の糧としてください。

本書が、みなさんの成功のお役に立てることを講師一同心より願っています。

２０１１年５月

山田　修（経営者ブートキャンプ主任講師）

プロフェッショナルリーダーの教科書

目次

第2講 組織戦略

権威と人望で人を動かす

第3講 マーケティング戦略

早く賢く成功するための10の質問

講師 池本克之（経営プロコーチ）

第4講　競争戦略

つぶされない会社のつくり方

講師　福田秀人（ランチェスター戦略の権威）　119

第5講 リーダー論

プロフェッショナルリーダーの条件

第1講

成長戦略

経営者が本気になれば会社は必ず復活する

講師　山田　修（再生請負のプロ経営者）

抵抗勢力の幹部は解任しろ！

オーソリティ（権威）の確立を図る

私はこれまで６つの中堅企業で社長を務め、企業再建に取り組んできました。

この講義では、企業再建のために、リーダーとして就任したらまず何をすべきか？　いかにコミュニケーションをとり、どのような戦略をとるべきか？　そして、その戦略をどのように実行させて成果を出すか？　といったことについて、実例を挙げて詳細に解説していきます。

立派な戦略を立てるのは誰でもできます。お金を出せばコンサルタント会社から買うこともできる。しかし、経営者の役割とは、実情に沿った戦略を立てて、確実に実行し、結果を出すことです。

その意味で、この講義は、会社の再建、あるいは、業績向上を熱望している経営者やリーダーの人たちにとって、かなり参考になるはずです。

話はいまから10年以上前にさかのぼります。

その当時、私が「再生請負人」として社長を務めたX社は、アメリカの製紙会社の日本法人で、親会社はフォーチュン５００に入る売上げ1兆円規模の企業でした。

その日本法人が手掛けていた事業は、「マルチパック」といって、缶飲料などを複数まとめて手にぶら下げて持てるようにした紙パックを製造・販売する単一ビジネスです。

X社の売上げは、私が着任する6年前には約57億円ありましたが、着任前年には約40億円にまで下落。経常赤字は約22億円にのぼり、実に売上げの約50％以上に達していました。

独立系の会社ならここで倒産でしょうが、そうならなかったのは、親会社が「日本市場からは撤退しない」という強い意志をもっていたからです。

その翌年、私が下半期から着任した時点でも、上半期だけですでに5億円超の赤字（売上げは約20億円）を計上していました。ところが、私がバトンタッチを受けた下半期には売上げが前年比で20％改善し、何よりぎりぎりでしたが黒字に転換したのです。そして翌々年からは「対売上げ経常利益率８％」という優良会社に変身することができました。

このように長期下降線の業績がひゅっと首をもたげる業績回復は、その業績推移の形状から「ホッケースティック型」と言われ、普通はまず起こりません。右肩下がりの赤字がそこまで続けばつぶれてしまうからです。

では、私はどうやってX社を再建したのか？

私がX社の社長に着任して最初に行ったのは、経営幹部を解任したことです。同社に限らず、経営再建を任される私の立場で言えば、まず着任先でオーソリティ（権威）の確立を図る必要があります。言い換えると、指揮権を握ることです。

そのためには、幹部や社員たちと「双方向のコミュニケーション」をとる必要があります。ところが、副社長と最初から敵対することになってしまいました。詳細は割愛しますが、着任前からあらぬ噂を立てられて、何もしないうちに私が本社から解任されそうになっていたのです。すぐに疑いは晴れましたが、前途多難な船出でした。

着任後も、お互いの関係が悪いのはもちろん、私の知らないところで、ほかの社員とのコミュニケーションまで邪魔されました。

副社長経由で出した私の指示は実行されず、社員の声は上がってこない。これではオーソリティの確立どころの話ではありません。

企業の繁栄の黄金律を方程式で表すと、次のようになります。

繁栄の黄金律＝戦略×組織効率×モチベーション

現状、結果が出ていないのなら、リーダーは、やり方（戦略）を変え、「人と能力とそ

繁栄の黄金律

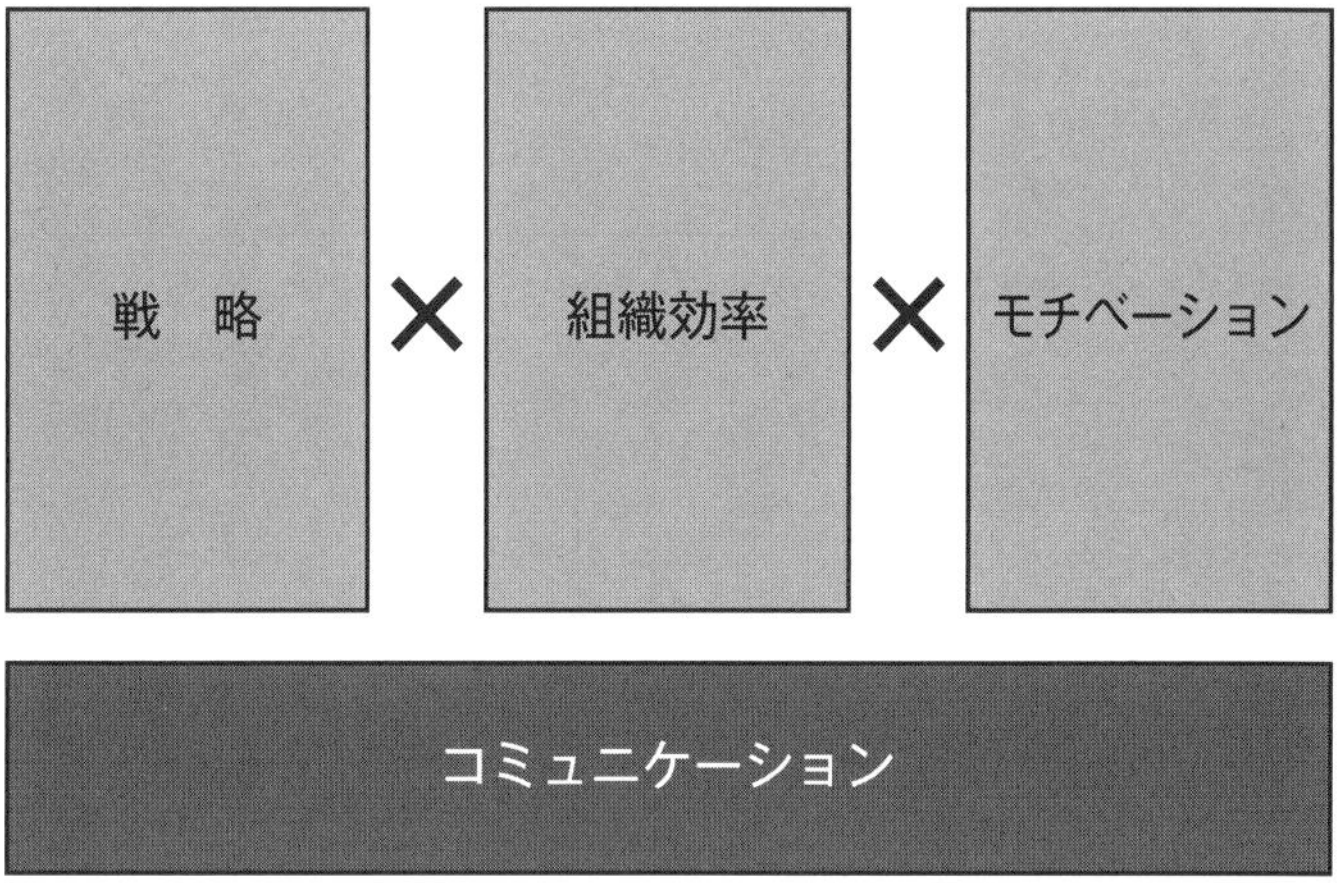

の組み合わせ」（適材適所）によって組織効率を上げなければなりません。また、社員のモチベーションが低ければ、どんなに素晴らしい戦略を立てたところで絵に描いた餅でしかないのです。

そして、「戦略」「組織効率」「モチベーション」の3要素を共通して支えているのが、「コミュニケーション」なのです。

着任早々、大きな危機に直面した私は、強硬手段に打って出ることにしました。アメリカ本社の全面的なバックアップをとりつけたうえで、副社長を解任したのです。着任して6週後のことでした。

私がX社におけるリーダーシップを発揮できるようになったのは、それ以降のことです。

また、私は古い幹部（部長）もほとんど総入れ替えしました。

なぜなら、これまでX社の業績が悪かったのは、結局のところ幹部の責任だからです。じり貧の会社を再生していくにあたって、それでも変化することを拒み、私の抵抗勢力になりかねない彼らを同じポジションに置いていては、改革の歩みが止まってしまいます。

それは、個人的には素晴らしい彼らの人間性とは別の話です。

具体的には、X社には社長と直接つながっている部長会という組織があり、6人の部長で構成されていたのですが、私が着任して10週目くらいから人事異動を始めて、1年以内に5人を入れ替えました。

新しい部長5人のうち、2人は外部からヘッドハントして招聘し、あとの3人は内部から、私と同じ方向を見ている潜在能力の高い人材を抜擢したのです。

この人事では降格となった部長が辞表を提出するなどして、社内が一時的に混乱しましたが、改革には必ず痛みがともなうものであり、それも必要なプロセスでした。

部下には積極的に話しかけろ！

現場との信頼関係を築く

前述のように、リーダーとしての「オーソリティ（権威）の確立」は、まず社員との「双方向のコミュニケーション」をとることから始まります。それによってお互いの信頼感が醸成され、権威・権力が生まれるのです。

X社での業績回復の切り札になった「極め打ち戦略」の話をする前に、私が、どの会社でも実行しているコミュニケーションについて具体的に紹介しましょう。

なぜなら、社員とコミュニケーションをとることができなければ、戦略を実行するどころか、それ以前に適切な戦略を立てることすらおぼつかないからです。しかも、私の場合は、いつも再生請負人として着任するので、その会社の状況を知るところから始めなければいけません。

もっとも、内部で昇格した社長にしたところで、現場を直接見ていないのですから、会社の本当の姿がわかっているとは限りません。多くの場合は、「わかったつもり」になっているだけです。

いずれにせよ、新任の経営者としては、「自分は社員ほど会社のことが見えていない」という前提で、事情を知っている現場の社員に尋ねることから始めるべきでしょう。

もう1つ認識すべき前提を申し上げれば、業績が悪化している組織には、経営者（上司）と部下のコミュニケーションに必ず問題があります。

たとえば、上司から部下に話しかけることがなく、部下が一方的に報告するだけの関係だったり、あるいは、メールでの報告ばかりで直接顔を合わせる機会が少ない、といったことがあるはずです。

実は、このように指摘する私自身も、初級管理職をしていた20代から30代にかけてはコミュニケーションが下手でした。同僚や部下に対してあまり心を開かず、独善的な仕事をしていました。仕事はかなりできたつもりですが、組織文化的には孤立していたと思います。

もちろん、管理職としてそれではいけないことは自覚していましたから、社外のさまざまな講座を受けて、コミュニケーション・スキルを向上させる努力をしました。受講していたのは、たとえば、管理職としてのコミュニケーション術やディベート術、英会話、クロスカルチュラル・コミュニケーション、パブリック・スピーチといった科目です。

コミュニケーションは、「部下の前で演じてみせる」ことも含めたスキルです。みなさんもどんどん会社の外に出て学ぶべきだと思います。

私の考えるコミュニケーションの基本は、とにかく上司から部下に話しかけること。部下には話せない内容もありますが、それはきちんと分別して、話しかけつづけることが重要です。

ただし、それは双方向であることも大事です。上司から各層の社員に直接働きかけをして、彼らの声をきちんと受け止めていくのです。そうすることで、信頼され、リーダーシップが醸成されていきます。「新しい社長（リーダー）のためにがんばろう」「この人についていこう」と。

そして、コミュニケーションの中で拾った意見が、今後社員に全力で取り組んでもらうビジョンや戦略に生かされていくのです。

私は、どの会社に着任しても、最初のあいさつで、「各部署の仕事内容を把握し、みなさんの意見を聞きたい」と言って、管理職との個別面談と、一般社員とのグループ面談を始めることを明言します。

その理由は、私との面談が、個人の評価やリストラがらみの話でないことを示して、安心して意見を言ってもらうためです。こうした配慮を忘れると、誰もが保身に走って、重要な提言が出てこなくなります。

また、管理職と個別面談を行うのは、部下とは一対一で話すのが基本であり、最も重要なコミュニケーションの部分で楽をしてはいけない、と思うからです。

そのうえで、面談では、次のような工夫をします。

・面談計画（人選、順番、日程、質問フォーマットなど）は綿密につくる。厳密に運用し、思いつきで進めない。酒の席で面談をするのは論外。

・面談は、部署ごとに進めるのではなく、組織横断的に同じ職階の社員を続けて呼んで話を聞く。そのほうが会社としての問題点が見えやすい。

・社員には自分の仕事内容について説明してもらい、「どこまでが自分の仕事なのか？」「もっと何をすべきなのか？」といった業務分析を本人にさせる。

・「自分の業務に関することでいま困っていること」を3つほど挙げてもらい、それが出そろったところで、次に「現状がそうなっている（と考えられる）理由」を尋ねる。そのうえで、「できればこうしたらいいのではないか？」という提案をしてもらう。不満がある場合には代案を出してもらう。

さて、こうした面談を続けていくと、社員の意見は、次の3つに分かれます。

①甘えやわがまま。
②やる気になればすぐに改善できる指摘。
③日常の業務の中ではすぐには改善できない指摘。

「甘えやわがまま」はさて置き、「やる気になればすぐに改善できる指摘」については、すぐに改善を指示しなければいけません。社長が改革に本気で立ち向かっており、自分たちの適切な提案はすぐに反映されることを印象づけるためです。それによって、社員からの信頼感を勝ち取るのです。

「すぐには改善できない指摘」の中には、業務プロセスの不合理や評価制度などの「ルート・コーズ」（経営上の根本的で構造的な問題）が隠されています。経営者は何としてもそれを見つけなければなりません。

そのため、グループ面談をした一般社員の中で、私の意識に引っ掛かる提言や不満を口にした社員については、後日個別に呼んでじっくり話を聞きました。

重要顧客に経営資源を集中しろ！

ビジネス効率を最大化する

経営戦略で、私が着任してすぐに実行したのは、顧客を選別することでした。X社はすごい赤字体質の会社でしたので、これを最初に解決しなければならなかったからです。具体的には、まず、約120社あった顧客（飲料会社の工場）を3つのグループに分けました。いわゆる「ABC分析」をしたわけです。

すると、A顧客が5社、B顧客が25社、C顧客が90社になった。B顧客とC顧客の境界線は、年間売上げ1000万円に設定しました。

このようにグループ分けしたうえで、「C顧客にはこれから誰も行くな！」という指示を出しました。A顧客に経営資源を集中するためです。

社員は当然のように反発しました。

「社長、それじゃや、どうやって注文を取ればいいんでしょうか！」

ちなみに、この時点では、私はまだ社員たちに親しまれていません。いきなり副社長をクビにするわ、強烈なリーダーシップはふるうわ、と非常に高圧的、強権的に改革を進めていましたので、社内にはまだ大きなわだかまりが残っていました。

「だったら、注文をどうやって取るんですか！」と不満をぶつけてくる営業部に、私は、「電話で取りなさい」と指示して、C顧客担当の営業マンをすべてなくしました。注文は、カスタマー・デスクの女性陣が受けることにしたのです。

注文を受けるのはその方法でいいのですが、問題はX社のビジネス・モデルでした。X社では、北米の親会社から輸入したロール紙を国内の自社印刷工場で印刷し、それを飲料メーカーなどの工場に納入します。

顧客の工場には、X社の包装機械（大型のものは1台約８０００万円）を置かせてもらっています。その機械の中で平たい紙（カートン）を立体的に折りたたみ、そこに複数の缶飲料を入れてマルチパックの形に包装したものを、次の段ボール詰めの工程へ流すわけです。

この包装機械はX社側の資産であり、ノウハウと特許の固まりです。定期メンテナンスのために、自社のフィールド・エンジニアと修理技術者の約25人が１２０社の顧客を担当していました。

これは大きな負担ですが、その代わりに、この機械が入っている限り、競合会社のカートンは流せないというメリットがあります。機械が入るかどうかが、ビジネス上の非常に大きなカギになるわけです。

　さて、そこに営業マンもエンジニアも行かなくなるとどうなるか。

　当たり前ですが、機械はある割合で必ず壊れます。私がこの指令を出した翌月あたりからどんどん電話がかかってきました。

「おたくの機械が詰まって動かなくなった、すぐ直しに来てください！」

　先月までは、そこでできるだけ早く駆けつけることがサービスの売りでした。しかし、もう違います。

「たいへん申し訳ありません。技術の担当者のスケジュールが詰まっておりまして、すぐにおじゃまできません」

「何を言ってんだよ！　うちのラインが止まっちゃったんだよ！　すぐ来い！」

「いや、予定が立ちません」

「だったら一番早くていつ来られるんだ！」

「3カ月はかかります」

「なんだって？」

　当然、お客さまは怒ってしまうわけです。

「いったいどうしてくれるんだよ！」

「どうしても、ということでしたら、当社が契約しているメンテナンス会社がございますので、そちらをご紹介いたします。申し訳ありませんが、そちらにお電話ください。ただ、別会社ですので有料になります」

それまでは、自社のエンジニアで足りないときには、この会社のエンジニアにX社の社員として駆けつけてもらい、X社がメンテナンス料を払っていました。費用は1日に何万円もかかります。

営業は、もう真っ青です。

「社長！ どうしても直しに来ない場合は、現在の契約は破棄だと言っています！」

「いいよ、いいよ。破棄してもらいなさい」

「機械を持って帰れと言っていますが……」

「じゃ、引き取れ。ただし、悪いけど、すぐには取りには行けない」

ちなみに、この包装機械には「使わない」というオプションがあり、撤去しないとラインが止まるわけではありません。その場合は、缶をそのまま通過させ、単缶（段ボールに24個入り）で出荷するのです。

しかし、こうなるとお客さまは恫喝《どうかつ》してきます。

「冗談じゃない！　だったら、競合の機械を入れるぞ！」

工場のラインに競合の機械が入ったら最期です。二度とX社のカートンは納入できません。このセリフは最後通告みたいなものです。

しかし、方針は曲げる気はありません。そんなわけで、C顧客の半分が1年以内にいなくなってしまいました。

競合他社へ流れた顧客もいます。

営業は心配します。

「顧客を失ってやっていけるのか？」

しかし、私としては、予定どおり、望みどおりの展開でした。

なぜなら、売上げ1000万円以下では、赤字になるだけだからです。オペレーション上のいろんなコストも考えるともう真っ赤でした。

そこでC顧客は、競合他社に持っていってもらうことにしました。言い方は悪いのですが、〝ババ〟を引かせたのです。

その分、A顧客とB顧客に特化することにして、C顧客を担当していた営業マンやサービスエンジニアは、すべてA顧客に張り付けました。

この結果、何が起きたか？

前述したように、私が着任する前の半期で5億円以上計上されていた経常赤字が、着任したその半期で黒字に転換したのです。

黒字額は2000万円強でしたが、6年以上赤字で苦しんでいたX社が、まさにターンアラウンドした半期になったわけです。

もちろん、そのほかにも、あの手この手と、経営改善の大技小技を繰り出したわけですが、短期でこれほど劇的な効果を上げることができたのは、C顧客対策であったことは間違いありません。

こうした話はトップがやらないとダメです。営業にやりなさいと言っても、自分の営業成績が落ちてしまうわけですから、絶対にやろうとしません。営業部長も同じです。怖がってしまい、なかなか決断できません。

やはり、大きな改革では、トップが腹をくくらなければいけないのです。

顧客の最大不満を見つけ出せ！

極め打ち戦略で重大課題を発見する

さて、双方向のコミュニケーションをとり、オーソリティを確立し、その会社の「ルート・コーズ」も明らかにしました。

そこまでできてから、経営者のみなさんに私が強く勧めたいのは、何か1つのことに徹底的に集中していく「極め打ち戦略」です。

一点集中というのは経営戦略としてよく聞く話ですが、これを実際にできるかどうか、強い覚悟でやり抜くことができるかどうかで、結果は変わります。

まずは、この「極め打ち戦略」をきちんと定義しておきましょう。

私はこう考えています。

極め打ち戦略とは、特定の重大な課題を徹底的に解決する、あるいは、徹底的に解決しようとすることによって、その課題を取り巻く複数の分野で大きな改善に至り、その結果、全社的な業績の改善やビジネス・モデルの改善に至るような戦略である。

さて、先ほど私は、A顧客へのサービスを強化するために、C顧客からA顧客へと担当人員のシフトをしたと言いました。

しかし、そこで私は「もっと徹底的に一番大きな顧客を得ることはできないか？」と考えたのです。

A顧客の中でも最大の顧客は「○×ビール」でした。X社の売上げの40％近くを占めていました。

ところが、○×ビール内での「マルチパック」のシェアでは、競合他社に負けていたのです。ということは、「○×ビールのシェアをもっととることができれば、それだけで売上げは倍近くにいくはずだ」という計算でした。

そこで考えたのが、「最大顧客である○×ビールの不満は何か？」ということです。一般的に、ビジネスを改善する場合、それが顧客と関連しているような場合、「不」の付くものを探すとよいのです。「不満」「不平」「不便」「不足」というのは、わかりやすい話なわけです。

X社が貸していた包装機械は、客先から1台ごとに月間使用料を取っていました。一方、包装資材としてのマルチパックの単価は1枚10円前後です。

こうした状況の中で、○×ビールの一番望んでいることはいったい何だろうか？　単価の値下げだろうか？

たしかに、単価を下げるというプレッシャーはいつも無限にあります。顧客メーカーからは必ずくることで、「50銭下げろ」とか「2年間で1円下げるよう努力しろ」などと、いろいろ言ってきます。

しかし、○×ビールにヒアリングし、分析した結果、私が発見した○×ビールの最大の関心事は、「ラインの稼働率」でした。

もちろん、品質などの問題もありますが、彼らにとって一番重要なことは、「稼働時間に対して、製造ラインを月間何%走らせることができるか」という効率なのです。これはコストに一番影響する要素だからです。

ラインが止まってしまう要因はいろいろありますが、X社の包装機械もその大きな要因の1つだったわけです。

当時、○×ビールには全国5工場に約20台の機械を設置していて、私が着任して半年くらいは、月間稼働率は20台平均で92%でした。つまり、働くべく期待されている時間のうち8％は止まっていた。言い換えれば、その間、その機械が置かれた○×ビールの製造ラインを止めてしまっていたのです。

この事実は、10円のカートンを9円80銭に値下げできないことよりも、ずっと大きな不満だろうと私は思いました。

そこで、着任して半年後くらいに、私は○×ビールの本社を訪れ、仕入本部長に対して次のように宣言しました。

「当社は稼働率99％を達成します。いますぐには達成できないかもしれませんが、必ず達成します。そして、99％を達成するまでは、達成していない機械の分の使用料は請求いたしません」

稼働している20台全部の分を請求しないということではありません。99％を達成した機械についてのみ個別に請求（月間30万円ほど）させていただくと見栄を張り、大風呂敷を広げてみせたのです。

ちなみに、この段階で、単体で月間稼働率99％を達成していた機械は1台もありませんでした。

妥協せずに意志を貫け！

極め打ち戦略を実現させる

99％達成までには、いくつかのフェーズ（段階）をたどりました。

まずは、サービスエンジニアの張り付けです。

C顧客を担当していたエンジニアを全員○×ビールに投入しました。そして、5つの工場に24時間張り付けました。

それまでは月に何度か訪問し、もし壊れたときには最優先で駆けつける体制でしたが、○×ビールの各工場の近くにアパートを借り、当社のサービスエンジニアが交代で泊り込むようにしました。

建前として、「24時間X社の社員がつねに張り付いている」という形をつくったのです。

ところで、こうしたことをX社のアメリカ本社に報告すると、「そこまでしてやろうということは、サービスエンジニアのレベルが低いのではないのか？　彼らのレベルを上げれば、もっと簡単にいくのではないか？」とケチをつけられました。

日本の稼働率というのは、X社の中で世界的に見れば平均的なものです。だから喜んで来日してもらい、海外のエンジニアの指導を受けましたが、彼らは「日本のエンジニアのほうが私たちよりレベルが高い」と感心して帰っていきました。

営業体制に関しても「○×ビール・シフト」を組み、担当者を増やしました。とにかく○×ビールの言うことは徹底的に聞こうという体制をつくったわけです。

サービスエンジニアを24時間張り付けることで、稼働率は95%まで上がりました。しかし、これではまだカネは取れません。次の戦術を考えなければなりませんでした。

そこで、マルチパックを印刷製造している自社の印刷工場でカートンの品質向上を徹底的にやってもらいました。ただし、○×ビール向けのカートン製品だけの品質向上を図るのは、工程的、あるいは取り組み的にできませんから、当社の印刷工場の品質は全体として徹底的に高めることを目指す以外ありませんでした。

加えて、○×ビール向けの製品だけは特別検品を行い、具合の悪い、包装機械で引っ掛かってしまうようなものはすべてはねました。

また、これはオペレーション上のことですが、○×ビールへの受注体制や製造計画や出荷などにおいて、徹底的にエラーフリー体制をつくりました。

さらに、極め打ち戦略の付随効果として、カートンのデザイナーが「みんなが頭を抱えているので自分も何とかしなければいけない」と言って、カートンの新しいデザインを考案してくれました。稼働率とは関係ありませんが、単位当たりの紙の使用量が約20%減り、当社の内部製造コストが下がりました。

しかし、ここまでやっても稼働率はまだ96%です。

次にとった戦術は、親会社からくる紙の品質改善でした。

カートンに使用している紙の原料は、北米のオークといって、日本の木のパルプよりも繊維が長いのが特徴です。それを絡み合わせてつくった紙だから、とても丈夫で湿気にも強い特殊な紙です。

しかし、前述した当社の国内印刷工場が、「こちらでやれることはやり尽くしました。もうこれ以上の品質改善は紙そのものの問題です」と言ってきたのです。

「そもそも紙がよれていたり、裂けが入っていたら、印刷や裁断をどんなに完全にしてもどうしようもない」

北米からくる紙は、その意味ではまだまだダメだというのです。

しかし、アメリカの製紙工場側では「日本だけのために特別なことはできない」と冷たく言います。

そこで、アメリカの本社に乗り込んで、机を叩きながら「とにかく○×ビールをしっかり取り込めなければもう終わりだよ！　どうしてくれるんだ！　あとは紙を直してくれ！」と訴えたら、結局、本社が工場に働きかけて、「日本向け製品を何とかしろ」ということになりました。

端的に言うと高くつくのですが、「日本向けにはこういう規格のものを出せ」、あるいは「日本向けには普段より厳しい製造スペックでつくれ」と選別出荷をしてくれるようになったのです。

しかし、それでもまだ99％には届きません。稼働率は97％！

ちなみに、日本スペックでやってみて結果が良かったので、「ついでだから、全部そうしよう」ということで、なんと本社の製紙工場の全面的な品質改善に至りました。これも極め打ち戦略の付随効果です。

次は、いったい何ができるのか？

手詰まり感が大きく出てきました。ラーニング・カーブでいうと、改善期が過ぎてしまい、「プラトー」（高原）段階に入って膠着《こうちゃく》してしまったのです。

すると、包装機械のメンテナンス責任者である技術部長が、「山田さん、あの機械自体がダメなんですよ」と言ってきました（このころには社員ともだいぶ仲良くなって「山田さん」と言われるようになっていました）。

〝あの機械〟は、フランス製でした。フランスにあるX社の機械製造子会社が製造したものです。機械品質そのものが悪いために、「いくらメンテしてもこれ以上稼働率は上がらない」と言うのです。

そこで検討を重ねた結果、その包装機械自体を変更するしかない、という結論になりました。

簡単に言えば、X社の包装機械は、日本では前世代の機械（15メートルほどの長さの機械全体を1つのチェーンで回すメカニカルマシン）でした。それを、製造機械では主流となっているサーボマシン（部位ごとに稼働する多数のモーターをコンピュータで制御する機械）にしようとしたわけです。

技術部長によれば、現在ある機械のフレームや構造的な部分はそのままにして、内部を入れ替えるように改造すれば、それは可能だと言います。問題はカネです。全部の機械を改造すると2億円はかかるという試算でした。

それを本社に相談したら、例によって、みんなで大反対です。

まず本社の財務部門は、「現在稼働している20台は、すでに世界標準よりも優れたパフォーマンスを出している。これで十分じゃないか。あと1%、2%の向上のために2億円もかけるのか。ここから先の改良はコストバリューに見合わない。とにかくそんなものは予算に組まれていない」と言いました。

次にフランスの機械製造部門は、「現行機械に改良を加えることになったら、基本的なメカニックが変わってしまい、製造元として責任をもてない。そんなことはしないでくれ」と言ってきた。

そこで、私はまたアメリカへ行って机を叩き、フランスへ行っては机を叩き、ビデオ会議をやっては机を叩き（笑）……、「とにかく私は最大顧客に99%をコミットしてしまったんだ。これを完遂しない限りは信頼を得ることはできない。日本法人の終わりだ！」と主張しつづけました。

その結果、包装機械がサーボマシン化されたのですが、すると、ついに99%を達成することができました。全20台の平均月間稼働率が、99%を達成したのです。

つまり、全然ダウンしない機械がたくさん出たわけで、やはり日本の技術力はたいしたものだと思いました。この目標を達成するのに足かけ2年。最初に○×ビールに乗り込んで啖呵《たんか》を切ってから2年かかりました。

戦略は走りながら考えろ！

状況の変化に合わせて戦略を変更する

稼働率99％を達成してどうなったか？

○×ビールでは、全部で２０００くらいいる納入業者に対して、品質維持の努力や改善提案の実現性、デリバリーの正確性などをスコア化して、毎年上位２００社をランク付けしています。

稼働率99％を達成したその年、X社は「サプライヤー・オブ・ザ・イヤー」を○×ビールから受賞しました。つまり、「年間最優秀仕入業者」に輝いたわけです。外資の業者としては初めての栄誉でした。

こうなると、いろいろご褒美をもらえます。そこまで努力したのだからたくさん買ってやろう、機械もいくつかリプレースしてやろう、工場のラインを新設するときには優先的に入れてやろう、といったことです。

これらの改善努力と並行して、X社の売上げの回復カーブは上昇していきました。

私の着任の前年の年間売上高は40億円でしたが、2年後に「○×ビール・アタック99」を達成した際の売上高は50億円になったのです。

利益の改善については、もっと劇的なことが起こりました。着任後すぐに経常利益が黒字転換したことは書きましたが、「○×ビール・アタック99」が達成されたときの経常利益率は、売上げに対して8％の高率を実現しています。

その後も、私がX社を預かっていた数年間は8％を下回ることはありませんでした。売上げ的には「ホッケースティック型」の改善となり、財務的には優良会社へのターンアラウンドを果たしたわけです。

これまでの話を読んで、「機械の改造に多大な費用をかけている」と指摘される方もいるでしょうが、その費用は食料品製造機械資産として計上したので、減価償却期間は10年にわたります。単年度の経費計上は、大きなものとはなりませんでした。

もちろん、一点集中で「機械の稼働率99％」を達成すれば、これだけの売上げが上がる、という確信が最初からあったわけではありません。

もし、「これをやれば売上げが10億円でも20億円でも上がる」という明快な理屈があるのなら、私が着任する前に、前任の社長や幹部が気づいて実行していたと思います。そこは見えていないままに、「○×ビール・アタック99」を始めてしまった、というのが現実です。

こうした経営戦略は、時間枠との関係で考えます。

つまり、あまり大きなことを掲げると、「ビジョン」や「ミッション」ということになり、5年、10年のスパンで達成していくものになってしまいます。

しかし、ビジネスの状況を改善していく「戦略」のゴールは、もっと的を絞って、3年以内くらいで設定しなければいけないのです。

ただし、3年ぐらいで何をするかという戦略を経営者のほうからいきなり掲げると、抵抗勢力の社員たちに足元をすくわれる、あるいは、実情と合わないものになってしまいかねません。

整合性と実現性、納得感のある戦略は、経営者が社員たちと話し合いながらつくる必要があります。特に幹部社員とは個別面談を繰り返して、「戦略のタネのキャッチボール」を3カ月くらいかけてやってください。こうしてつくり上げた戦略を「創発的戦略」と言います。

それに対して、着任前からさまざまなデータを分析し、頭の中でかっちりした計画をつくり上げてスタートするものを「意図的戦略」と言います。

どちらが正しいかと言えば、当然、走りながら考える「創発的戦略」が正しいのです。

なぜなら、現実のビジネスはどんどん状況が変わっていきます。それに対応して、臨機応変に戦略を追加、変更していかなければいけないからです。

「○×ビール・アタック99」で言えば、何か手を打つたびに壁に当たって、次々に新しい戦略をつくらざるを得ませんでした。最終的には、私がアメリカ本社やフランスの子会社を説得して回って、それまで導入していた高額な機械そのものの構造を変えてしまった。これが「創発的戦略」です。

もし、当時の私が、大企業のように中期計画などをつくり、「意図的戦略」を採用していたら、まず戦略をつくるのに、おそらく6カ月くらいはかかってしまったでしょう。

その間に、どんどん状況は変わり、ライバル会社も動きます。6カ月前に分析したライバル会社の姿はもういまの姿ではありません。いや、そもそも中期経営計画の多くで好んで分析想定しようとする「3年後の競合」の動きなど、産業スパイでもいない限りわからないのです。

また、意図的戦略型のアプローチを選んだとしたら、新任経営者だった私は会社の本当の姿をつかんでいないため、どこかピントのずれたものになったでしょう。

いずれにせよ、頭の中でつくり上げた「意図的戦略」など、中小や中堅規模の企業ではまったく成立しないやり方なのです。

リーダーは覚悟を決めろ！

誠実な経営者になる

利益改善の経緯をもう一度まとめておくと、最初は、C顧客を切り離したことでした。次に、最大顧客である○×ビールの最大不満を解消することで、売上げが伸びた。付随効果として、カートンのデザイン改善によって製造コストも下がった。国内の印刷工場だけではなく本社の製紙工場まで品質が大幅に改善された。そして、画期的な包装機械が導入された。営業やオペレーションの業務手順の合理化、効率化が促進された。X社の日本法人全体の緊張感、求心力が高まり、一体感が形成された——。

これがX社のケースでの「極め打ち戦略」でした。

こういった極め打ち戦略をとるときには、効果的な測定対象を見つけることが必要です。私はそれを「クリティカルKPI」（キー・パフォーマンス・インディケーター）と呼んでいます。クリティカルは「重大な」、あるいは「決定的な」という意味です。

このKPIというのは、会社によってはいくらでもあり得ます。どれを重要視するかは経営者の価値判断、意思決定によりますが、「これが一番効くんだ！」というものを徹底的に追い求めなくてはいけません。

また、当然ながら戦略を立案するだけではダメです。経営者の役割は、それを社員に実行させ、結果を出すことです。私は、背水の陣を敷きました。危機感をあおりました。

大反対の中、全社のベクトルを集結して、それに向かわせました。キャンペーンに対して象徴的なネーミング（明確な目標を表す）をして、その旗の下に全社員を集めました。幹部を解任して、社長が本気であることも見せました。20台ある機械の「日次」の稼働グラフをフロアに貼らせて、その結果に対して社長自らが毎日一喜一憂しました。1つの目標を掲げて、それに執着したのです。

包装機械の改造に数億円かけようとして本社のトップから反対されたときには、大きな声を出しました。改善するための努力は絶対に妥協しない。そうやって全社を巻き込みました。

そうすると、当初の目標が達成されるだけではなく、周りのこと全体が改善して、全面的な素晴らしい結果が生み出されるのです。

さて、ここからが本講義の結論です。

優秀な戦略家はたくさんいます。頭の良い人は世の中にいくらでもいます。しかし、その人たちが会社経営で成功するわけではないのはご存知のとおりです。

最も優秀な企業戦略家とは、さまざまな選択肢の中から自分が選んだ戦略に対して、「これが一番だ。ほかにはやりようがないのだ！」と社員に信じさせることができる人のことです。

なぜなら、とり得る戦略など実際には無限にあり、絶対的な正解はありません。運というか、実際にやってみないとわからない面もあります。

それでも「成功するにはこの方法しかない！　これでいくんだ！」と説得し、信じさせる力、各方面から全面的な支持をとりつけられる〝腕力〟をもっていることが優秀な経営者の条件です。

また、創業社長として優れた才覚をもった経営者はたくさんいます。自社が進む方向は自分の鼻が頼りで、勘をもとにして打った手がいくつも当たり、会社は急成長を続けているという「起業家タイプの経営者」は周囲から非難されることはありません。ガッツ、フィーリングに確率と整合性があり、自社の組織全体をぐいぐいと引っ張っていくエネルギーにあふれています。

しかし「従業員からCEOになった、資本家ではない経営者」や「同族会社を継承した2代目社長で、先代ほどのカリスマ性のない経営者」には、そんな芸当は難しいでしょう。

数で言えば、そのような経営者のほうが圧倒的に多いわけです。

では、後者のような大多数の経営者・経営者候補が自社の組織を動かしていくには、どうすればよいのか。

社員に明示的な戦略を見せ、わかりやすく説明し、進む方向を指し示していくしかないのです。

そのため、私は「戦略カード」という立案ツールを使って、「シナリオ・ライティング」という独自の方法で自社戦略をつくっています。

経営者ブートキャンプでは、戦略カードを書くステップで絞り込み、グループ討議を数回行います。最後は、カードを発表用スライドに書き写してプレゼンテーションし合います。参加している経営者の中には、参加者同士の討論によって洗練された戦略を、そのまま自社で「戦略プレゼンテーション」として使っている人も多くいます。

立案に際して、私が特に指導するのは、「気づき」と「思いつき」、そして「叙述」です。戦略とは、言葉です。言語化され（明示され）、説明できる（コミュニケータブル）ものでなければなりません。そして、社内や資本家、投資家などが納得できるように説明できるプレゼンテーション能力が、これからますます重要となっています。

最後に――。これまでの話を踏まえたうえで、私の経営者像を述べておきましょう。

それは、日本の古典文学の世界でいう「恥づかしき人」のイメージです。「恥づかしい」(『源氏物語』の表記)といっても、この場合は現代でよく使う意味とは正反対で、「自分が恥ずかしくなるほど相手が優れている」とか「尊敬すべき人である」という意味です。

さらに、私のもつ経営者のイメージは、業績の良し悪しとは別に、「その人を見ると自分が恥ずかしくなってしまうような、清廉さ、潔癖さをもち、後ろ指を指されることのない経営をする」ということなのです。

経営者たる者、成功するつもりで経営にあたり、結果を残すことは当然ですが、「いつ何時も絶対に成功する」などとは誰も言えません。

しかし、恥ずかしく思われるほど誠実に、一生懸命にやることはできます。というより、経営者はそれしかできない。私は、そう思っています。

第2講

組織戦略

権威と人望で人を動かす

講師　新　将命（伝説のカリスマ外資経営者）

企業は「ジンザイ」がすべて

社員を4タイプに分けて理解する

企業は、「ジンザイ」がすべてです。商品やサービスの質の前に、まず経営トップ自身も含めた「人の質」を高める必要があります。

私は、一口に「ジンザイ」と言っても4種類あることが、長い間、経営の世界で飯を食っているうちにわかってきました。このことを理解すると、ジンザイ・マネジメントが非常にやりやすくなります。

左の図を見てください。縦軸が「マインド」（人間力＝信頼、尊敬、意欲）、横軸が「スキル」（仕事力＝技量、技能）です。

これはみなさん自身の話です。自分がどこに当てはまるか考えながら読んでください。

①人財（リーダー）5〜10％

右上はスキル高・マインド高。仕事がべらぼうによくできる。技量、技能が高い。その

ジンザイの4タイプ

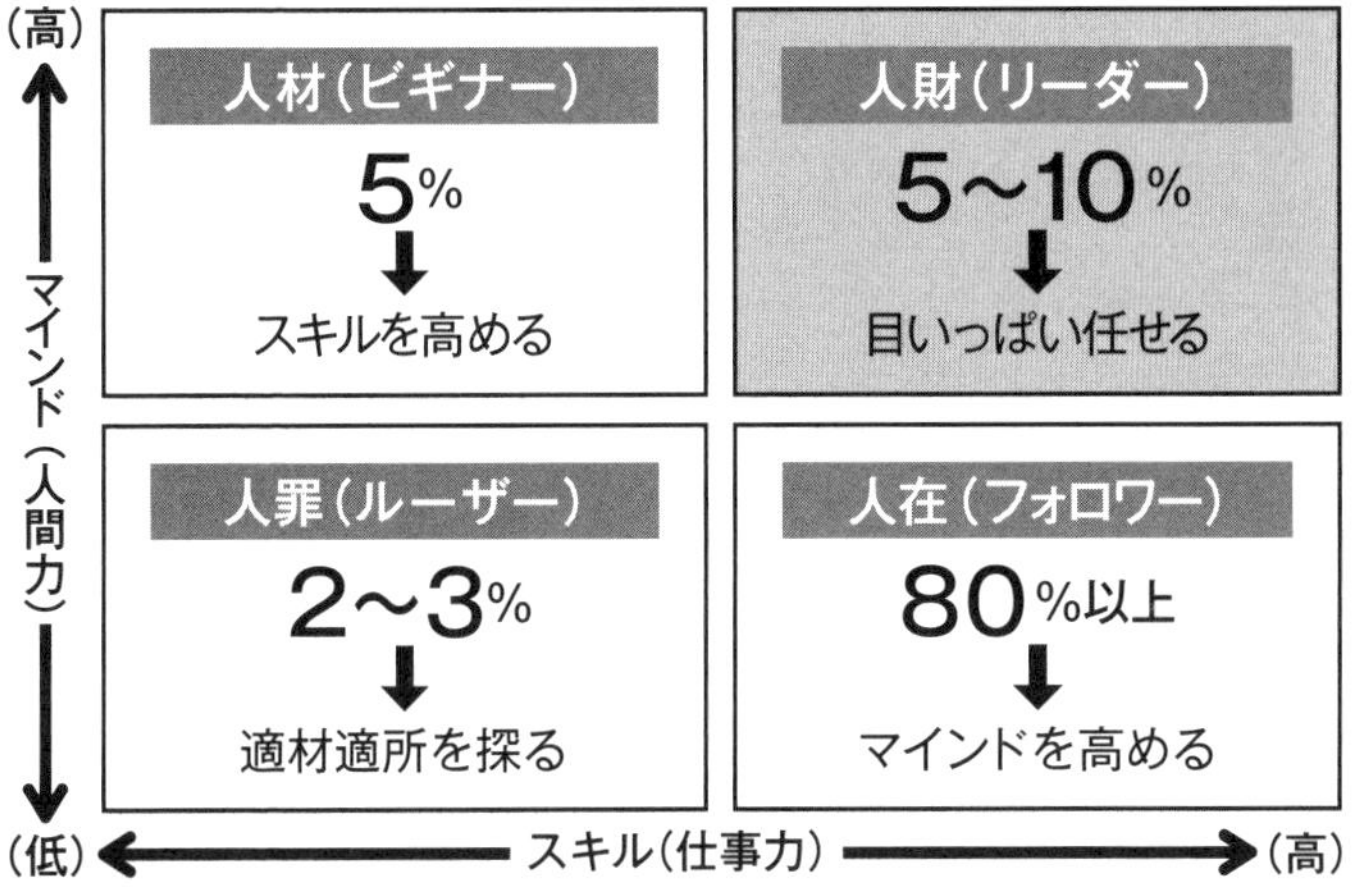

上、マインドも高い人です。

もし、自分の会社にこういう社員がいたら、その人に対してはどう思いますか？

わが社の成長や発展のために欠かすことができない貴重な財産だ、と思うはずです。だから彼らは「人財」。リーダーです。

一般論として企業の中に5～10％いるかな、という印象です。

②人在（フォロワー）80％以上

右下は、スキルは高い、しかしマインドが低い。いまいち信用できないし、そもそも意欲がない。やる気がないという人です。

ただし、こういう人は、上司、上長から指示命令を受ければ、それを正しく理解し、実行に移すこともできる。結果を出す人です。

それは結構なことですが、残念なことに、彼らは自分から手を挙げません。たとえば、「社長、こういうアイデアがあるから、ぜひ私にやらせてくれませんか」とは決して言いません。言われるまではただ存在しているだけの人だから「人在」と呼びます。追随者、フォロワーです。

これがどの会社を見ても80％以上います。

③人材（ビギナー）５％

左上の社員は、目に光があり、声には張りがあります。背筋がしゃきっと伸びていて、元気いっぱい、幸せいっぱい、しかし、仕事はさっぱり、という人です。

マインド、動機は高いがスキルがない。つまり、新入社員。将来は化ける可能性がありますが、今日のところは単なる原材料にしかすぎない。だから「人材」。ビギナーです。

これは何％いるかは、ケースバイケースです。なぜなら、日本には業績の良い年にはたくさん採用して、翌年落ち込んだらゼロにするような会社が多いためです。

④人罪（ルーザー）２〜３％

左下は、仕事もできないし、やる気もない、信用もできないという人です。

わが社の成長や発展のために役に立つどころか、その存在自体がわが社に対して罪を形成するので「人罪」。ルーザー（敗者）です。

これが2～3％というイメージです。

さて、私は先ほど「これはみなさん自身の話」だと述べました。このような4つの分類があったときに、真っ先にすべきことは、みなさんご自身がまず右上のグループに入ることです。

「隗《かい》より始めよ」という言葉があります。部下をどうする、人をどうするということは、その後の話です。まず自分自身が、スキル高・マインド高をギャランティすることが大事です。

では、あなたはどのグループに入るでしょうか？　ここで1つ述べておくと、そもそも人間の能力（評価）は自分ではなく、「他人」が決めるものであるということです。ほとんどの場合、自分が思うほど、他人は高いとは思ってくれていません。「4割くらいのディスカウントをしないと本当の自分はわからないよ」とアドバイスをしておきます。

聴き、関与させ、決め、任せ、ほめ、叱る

人財を増やす新流マネジメント

前述のように、部下の能力、タイプは同じではありません。あなたが経営者なら、4種類のジンザイを適切にマネジメントする必要があります。

①人財（リーダー）は、目いっぱい任せる

仕事がよくできて、やる気満々なのだから、彼らに事細かなことを言ったら、かえってやる気をなくしてしまいます。目いっぱい任せることが大事です。

ただし、事前に合意目標をつくるのが条件です。目標だけはつくったうえで、やり方については自由に、目いっぱい任せればいい。余計なくちばしは挟まないことです。

②人在（フォロワー）は、コミュニケーションによって動機を高める

彼らはスキルがあるので、動機を高めてあげると人財になります。このタイプの部下に

対して私が心がけていたのは、「KKKMHS」です。これは、「傾聴する、関与させる、決める、任せる、ほめる、叱る」の頭文字をまとめたものです。

まず、リーダーは、部下の言うことを聴いてあげなければいけない。聞くではなく「聴く」です。文字の中に「耳」も「目」も「心」も入っているように全身全霊で聴くのです。「関与させる」は、目標や計画をただ与えるのではなく、それらをつくるプロセスに関与させることです。そうすれば、社員にも愛着や責任感、コミットメントが生まれます。

「決める」は、スピーディかつタイムリーに。経営者とは「意思決定者」のことです。「任せる」については、ピーター・F・ドラッカーも、「人を育てるための最も効果的な方法は、任せることである」と言っています。

「ほめる」ですが、普段から部下をまめにほめることで「心の架け橋」が生まれます。1日1回はほめる習慣をつけることをお勧めします。

そして最後は「叱る」です。「ほめる」と「叱る」の比率は4対1くらいが適切です。

③人材（ビギナー）は、トレーニングでスキルを上げる

先の図の左上にいる「人材」は、スキル・トレーニングをすれば、理屈としては右へ移ります。このタイプに限りませんが、リーダーがしてはいけないのは「怒る」ことです。

「叱る」のはいいが、怒ってはいけない。また、叱るときには人格を叱らないことが大事です。「試作品のこの部分のできが悪い」とか「こういう行動はダメだ」はいいが、「〇〇、おまえは本当にダメだな」は禁句です。「人」ではなく、「物や事」を叱らなければいけません。

④人罪（ルーザー）は、適材適所を模索する

ビジネスマンには、会社から採用されたら自分で勉強し、腕を磨き、良い仕事をして、会社にお返しをする義務と責任があります。

逆に、会社側も、採用した社員に教育訓練を与え、モチベーションもチャンスも与えて、仕事のできる人間にして、会社に対して貢献ができるようなチャンスを与える――という義務と責任があります。

考えるべきは、適材適所です。この部署ではダメだがここに持っていけばけっこう使えるというケース、あるいは、課長職をやらせたらダメだったが営業担当者にしたらけっこう使えるという場合もあります。話し合いのもとに給料もそれにともなって減らして、同じ場所でやらせる、そんなこともあるでしょう。そうしたことをやらず、ちょっとしたきっかけで、すぐ社員を辞めさせるのは悪いアメリカ企業の典型です。

スキルとマインドを磨きなさい

リーダーに部下の人気は必要ない

リーダーは、1人ではリーダーにはなれません。誰かがついてきてくれるからリーダーになれる。それもWilling follower（喜んでついてくる人）が必要です。

だから私は、リーダーとはWilling followerがいる人だと考えています。

たとえば、所属組織が変わったあとにも、「あの人とまた飯を食いたい」「また一緒に働きたい」と慕われる人、そして、一緒にいると、心が鼓舞《こぶ》され、元気になり、知恵と勇気をくれる存在にならなければいけない。

人を動かすということを、「リーダーとマネジャーの違い」という視点で考えてみましょう。マネジャーは「権力」で人を動かし、リーダーは「権威」で動かします。

権力とは地位です。課長よりは部長、部長よりは社長のほうが地位が上です。上の人間は下の人間に命令を下すことができる。「おい、来週からおまえ○○へ転勤だ」というような命令もできるわけです。

対するに、権威の裏づけは人望です。リーダーには人望が必要です。
逆に、まったく必要ないのが人気です。人気者になりたかったら、ビアホールでビール
の一気飲みができて、カラオケに付き合って、ときどきゴルフに付き合えば人気は高まる
かもしれない。しかし、そんなものはいらない。必要なのは、人気ではなくて、人望です。
では、人望に不可欠な要素は何だろうか？

それが、スキルとマインドという能力です。能力には、保有能力と発揮能力の2種類が
あって、もちろん、身につけているだけでは意味がありません。発揮しなければないのと
同じです。スキルとマインドを発揮して、さらに仕事で成果を上げたときに人望を得て、
喜んでついていくフォロワー（追随者）が生まれます。

権力は、地位が上にならなければふるうことができませんが、権威は、どの立場にいよ
うと発揮することができます。たとえば、平の営業マンであっても必ず結果を出す人間で
あれば、みんながその人の話に耳を傾けるでしょう。

リーダーになったあなたが、まだ自分の能力が不十分であるとの自覚があるならば、時
間という名の友だちの力を借りて、スキルアップとマインドアップを図って結果の出せる
人間になればいい。そもそも最初からスキルもマインドも十分という人はほとんどいない
のだから、リーダーになったのを機に精進すればいいのです。

会社の中に魂を込める

リーダーに求められる理念と目標と戦略

スキルには、3種類あります。

1つ目が、機能的・専門的能力。2つ目が、普遍的ビジネス能力。3つ目が、リーダーシップ能力です。このどれか1つが欠けても、本物のリーダーになれません。どのくらいの確率でなれないかというと、絶対になれない。

リーダー人財になるためのパスポートを手に入れたいと思ったら、この3つの中で真っ先に身につけるべきは「機能的・専門的能力」です。

簡単に言えば、「私の得意技」ということですが、いまのあなたには、人後に落ちない、会社では誰にも負けない、少なくとも会社でナンバーワン、できれば業界ナンバーワンというハイ・レベルの機能的・専門的能力がありますか？

ただし、機能的・専門的能力からビジネスマンは3種類に分かれます。

「一点深掘り型」（スペシャリスト）か「幅広浅掘り型」（ゼネラリスト）か、ということはよく言われますが、経営者としてふさわしいのは「幅広一点深掘り型」です。

つまり、知識の裾野《すその》が広く、営業でも何でも知っていて、しかも、1つもっている深いものが経営能力である人――。これが本物の経営者なのです。

「専門以外は何も知らない」あるいは、「何でも知っているが、何もできない」といった、経営の勉強をせずに、部長の延長のような感じで社長をやっているような人が多いのですが、こういう人はだいたい会社をつぶします。

スキルの2つ目の普遍的ビジネス能力は、自分が担当する機能的・専門的分野に関係なく、誰もが身につけていなければならない力です。これには、①PL（損益計算書）・BS（貸借対照表）リテラシー、②情報リテラシー、③英語力＋ONE、④人間関係能力、⑤コミュニケーション能力の5つがあります。

3つ目は、リーダーを目指す人に最も必要なもの、リーダーシップ能力です。

最近、日本の大企業の部課長のワークショップをしていると、彼らの口からよく出る言葉があります。「疲労感」「疲弊《ひへい》感」「閉塞《へいそく》感」です。私はこれを「平成の3H」と呼んでいます。

もちろん、こうした言葉は過去にもありましたが、今日ほどは言われていません。なぜなら、部課長の上司にあたる本部長や事業部長といった人たちが、以前にも増して、ムチを振り振り、短期目標だけで部下を追いまくっているのです。

人間は、目先の短期目標だけで追いまくられていると、そのうち多くの人が精神的な制度疲労を起こしてしまいます。精神的な制度疲労というのは、一種の心の病です。その病にかかった人の口から出る言葉が、「疲労感」「疲弊感」「閉塞感」なのです。

こんな会社の経営幹部に足りないのは、将来の夢を語り、方向性を示すことです。

人間は、目の前に不平や不満、心配、懸念の材料があっても、トンネルの先に、期待や希望、楽しみ、喜びといった光が見えたら、目先の不平、不満はかなり収まるものです。ゼロになるとは言いませんが、かなり減ります。

だから、リーダーが絶対に外すことができないツボは、ときどき部下に将来の夢を語る、方向性を示すということなのです。そもそも取締役とは、英語で「ディレクター」(先を示す人)と言うのですから。

また、そのリーダーシップには「理念」「目標」「戦略」が求められます。

理念については、理屈ではなく、実例を紹介しましょう。

私が、ジョンソン・エンド・ジョンソンに転社をした理由の70%以上は、「わが信条」(Credo)という1枚の紙を見せられたからです。見せられて〝魅せられた〟のです。

ジョンソン・エンド・ジョンソンは1886年(明治19年)に生まれたアメリカの老舗

企業ですが、この信条は、いまから70年くらい前につくられたものです。

その後、若干改変されましたが、いまでも、世界中の社員が、仕事上の道具として毎日これを使っています。要約すると、そこでは、同社にとっての「4つの大切な責任」が謳われているのです。

1番目は「お客さまに対する責任」。

2番目は「社員の幸せに対する責任」。

3番目は「社会に対する責任」。社会に対する責任には、狭い意味のローカル・コミュニティと、広い意味のグローバル・コミュニティへの責任があります。

そして、4番目の責任が「株主に対する責任」。

同社の「わが信条」は、この順番で大切だと言っているのです。

私はこれに魅せられて入社したのですが、株主が最後にある意味が、すぐにはわからなかった。

その後、本社の会長と会って私なりに理解したのは、こういうことです。

「わが社は株式会社であるから株主に対する責任が一番重要だ。ただし、株主に対する責任は今年1年だけでなく継続的に果たさなければいけない。そのためには、まずほかの3つの項目を全社員がわきまえて、この順番で現場で実行に移すことが必要なのだ」

当時、私は42歳。自分ながら良い会社に入ったと思いました。ずっと働いてみたら、やはりそれをきちんと守っている会社でした。だから、六十数年も増収、四十数年も増益になっているわけです。

同社の会長が来日したときに、日本経済新聞の記者から「何十年も増収増益の要因は何ですか?」と問われ、「これです」と言って「わが信条」を見せていました。組織や人事に〝魂が入っている会社〟とそうでない会社がありますが、まさにこれが魂なのです。

社長主導で会社の中に魂を注入できると、魂がない会社と比べて、その業績はざっくり言って4倍高くなります。なぜなら、人は大きなことを信じたときに大きな仕事をするからです。

企業経営において、売上げや利益は、きわめて大事なことです。

しかし、それに輪をかけて大事なのは、「わが社は、ゆくゆくはこうなりたい!」といった夢があり、「こういったことで世の中のお役に立とう!」といった理念、フィロソフィーがあることです。

経営者にとって戦略は重要ですが、理念のない戦略など意味がありません。

真っ先に、そして、何にも増して重要なのは企業理念があることです。それにもとづいて目標と戦略は生まれるのです。

いまどこだ、どうなりたい、どうやる、どうなった？

経営者の能力がわかる4つの質問

スキルの面から、経営者の能力をいったんまとめておきましょう。能力の8割は、次の4つの質問でカバーできます。

1つ目は、いまどこだ？

つまり、わが社の現状認識です。「過去3年間どんなことをやって、こういう点がだいぶ改善された、良くなった。しかしまだこういう点ができていない」といったことを正確に把握して全社員が共有することです。

2つ目は、どうなりたい？

これには理念と目標があります。理念とは、どちらかというと概念的、哲学的なもの。一方の目標とは、具体的、計数的なものです。

3つ目は、誰が、何を、どうやる？

目標を達成するためには、わが社の誰が、何を、どうやるのか？　もっと詳しく言えば、「いつ」ということもここに含まれます。

たとえば、戦略の立案は、経営者がどうしてもやらなければいけないことです。

一方で、戦術は、課長以下の担当者がやることです。経営者は、戦術を理解しておかないと現場から遊離して裸の王様になってしまいますが、自分で行う仕事ではありません。経営者の仕事は、「理念と戦略の構築と発信」です。ここで手抜き工事をしてはいけないのです。

4つ目は、どうなった？

実はこれが重要です。つまり、「ＰＤＣＡ」（プラン・ドゥ・チェック・アクト）のサイクルですが、私は「アクト」はＣの中に入れて「ＰＤＣ」で考えています。いままで何百回となく経営者の勉強会で尋ねてきましたが、Ｃができていない会社が圧倒的に多い印象があります。

もう一度繰り返しておきますが、要は、この4つです。「いまどこだ？」「どうなりたい？」「どうやる？」「どうなった？」――これが経営者の仕事の基本です。

人は感情で動くことを忘れない

経営学とはしょせん人間学である

私がリーダー人財の能力について語ると、「スキルだけあればいいのではないか？」と言う人がいますが、これはまったくの間違いです。

「人は論理により説得され、感情により動く」という言葉があります。たとえば、新《あたらし》社長の下に部下が100人いたときに、私の振る舞いによって、彼らの気持ちは次のAかBのどちらかになります。

A「社長が言っていることはおかしい、理屈がちょっととおっていない、あの考えに賛成できない」と反発しながらも、「でも、ちょっと立ち止まって考えてみると、やっぱり自分はあの人を尊敬できる、人間的に敬愛するところもある。やっぱりあの人と一緒に仕事をやりたい、あの人についていきたい」となるパターン——。

B「社長が言っていることは正しい。理屈に合っている。数字の裏づけもどうやらあるようだ。論破できない」と認めつつも、「でも、何となくあの人についていくことは嫌だ。

公金と私金の混同が激しいという噂もある。手柄は一人占めにしておいて、まずくなると部下のせいにするか梯子《はしご》を外してしまう。自分は人間的にあの人を尊敬できない」となるパターン――。

AとBの社員のどちらが良い仕事をするかといえば、当然Aのほうです。「論理的であり、格調高く社員を説得する」のはスキルに偏った部分、逆に、「親しみを感じて、その人を尊敬して、人望を感じてついてくる」のは人間力の世界です。

やはり、その両方をもっていなければ、人がついてきません。

私が34歳でコカ・コーラ・ブランド・マネジャーをしていたときまでは、部下のマネジメントは、実はスキルだけでやっていました。たとえば、マーケティングについてはかなり勉強し、実績もありましたから、部下とやり合っても論破できました。

しかし、部下の私に対する対応が冷たく、よそよそしいのです。険悪とまではいきませんが、違和感がありました。なぜだろうといろいろ考えたときに、自分は部下に対してスキルで勝負をしていたと気づきました。つまり、マインドという点での勉強が足りなかったわけです。

そこで、デール・カーネギー・コースに通い、安岡正篤《やすおかまさひろ》氏の本を読み、ピーター・F・ドラッカーの書を読むなどしました。あるいは、素晴らしい人の教えを請うてマインドを学びました。すると、6カ月から1年の間に部下の私を見る目が、北風から春風に変わっていったのです。

マインドの重要性を若いうちから理解し、勉強しておくと、あとが楽です。

ビジネスの世界には、「(仕事が)できる人」と、「(人柄が)できた人」という2種類の人間がいます。

「できる(だけの)人」は、定年退職まで部下を1人ももたない専門職が向いています。会社にはこうした人も必要であり、否定も軽蔑《けいべつ》もしません。一方、スキルはないが「できた人」にも、何かしら役割はあります。しかし、どちらも人を率いていくリーダーではない。

部下を率いて会社を発展させるべき立場の人は、好むと好まざるとにかかわらず、「できる、できた人」でなければいけません。仕事もできるが、人間力も高めなければいけないのです。

昔のある有名な経営者が言った言葉に、「経営学とはしょせん人間学である」という核心を突いた表現がありますが、結局、経営を突き詰めると、人間性や人間学に行き着きます。単なるスキルではない、ということです。

リーダーは情熱と自責の人であれ

率先して社内に良い風を吹かせる

ところで、リーダー・マインドとは先天的なものなのか、それとも後天的に鍛えることができるものだろうか？

アメリカで行われた調査結果を聞いたことがありますが、人間とは先天要素が20～30％で、後天要素が70～80％らしい。つまり、リーダーシップはあとからつくることができるのです。

ただし、それには条件が2つあります。本人に、意識と努力がなければならない。文豪ゲーテもこう言っています。

「人は結局思ったとおりの自分になる」

私はこの言葉を信じて疑いません。

リーダー・マインドを高めるために一番重要なのは、正しい情熱をもつことです。「世の中のため、人のために役に立つことをする！」という大義をもつことです。

19世紀のアメリカの思想家・詩人のラルフ・エマーソンも、「情熱がなければ偉大なことは何ひとつ達成できない」と言っています。これがリーダーにとっての一番の必要条件だと思います。

会社のトップに情熱があれば、それがあたかも伝導熱のように、時間の経過とともに、組織の中に伝播していきます。逆に、会社のトップにやる気がなく、週のうち3日間もお得意さんとゴルフに行っているようでは何をかいわんやでしょう。

そして、もう1つ、リーダーを目指す人にどうしても言っておかなければならないのは、「自責」という概念を理解することです。

責任には、他責と自責の2つがあります。他責というのは、物事が上手くいかない原因や責任を人に転嫁すること。たとえば、サラリーマンがよくこぼしている不満がそうです。「うちの会社は意味のないミーティングが多い。こんなのでいいの?」「教育訓練制度が整備されていない」「部門間のコミュニケーションの壁が高くて厚くて、隣は何をやっているかわからない」……。

全部当たっているかもしれませんが、1つ断言できるのは、こうしたセリフを100万回並べても、業務効率の改善や生産性の向上の役には立たないということです。まさに無駄です。ビジネスの世界では無駄は排除したほうがいい。他責は排除してください。

反対に、自責とは、物事が上手くいかないときに、それを解決するために、まず自分は何をできるかという「順番」で考える気持ちです。順番というところを強調したのは、いくら自責で考えても、世の中には解決できない問題がたくさんあるからですが、その場合は、まず自分で考えたうえで、人に協力やサポートを要求しましょう。

ただし、初めから、おまえが悪い、人が悪い、会社が悪い、社長が悪い、部下が悪い、お客さんが悪い、世間が悪い、と言ってはいけないということです。

私が知っている優れた経営者、リーダーは、1人の例外もなしに、自責の人です。

いま、みなさんの会社に吹いている風は、自責の風と他責の風のどちらですか。みなさんが第一人者となって、自責の風を吹かせて、会社の中にそよそよと自責の風が吹き始めると、数人が真似《まね》して自責で考えるようになります。さらに大勢の人間が自責の風を吹かせるようになると、ごうごうという自責の風が会社の中を吹き巡ります。

会社の中に吹く風のことを「社風」と言います。社風が習慣として定着したときに企業文化が生まれる。企業文化がある会社は、ない会社よりも4倍も5倍も力強くなり、業績が上がります。だから、ぜひ自責という風をみなさんからまず吹かせてください。

優れた経営に国籍と国境なし

エクセレント・カンパニーの条件

さて、以上の話を踏まえて、勝ち残る企業の条件を確認しておきましょう。

私がこの問題に迫るときの考え方は、いわゆるグローバル・エクセレント・カンパニーで実際に経営をしてきた経験のほか、大手商社のアドバイザリー・ボード・メンバーや、いくつかの中小企業の経営アドバイザーを務めた経験がベースになります。

これまで日本、イギリス、アメリカ、オランダなどの会社でいろいろ経験してきましたが、私がはっきり言えるのは、「優れた経営には国籍、国境はない」ということです。良い会社の行っていることはどの国も同じ。90％は同じです。

一部の人は、「アメリカの会社は人を大事にしない、日本の会社は人を大事にする」とか「日本の会社は長期志向、アメリカの会社は短期志向」などと言いますが、これは間違いです。あくまで皮相的な総論であって、各論で見ると、良い会社は洋の東西を問わず同じなのです。

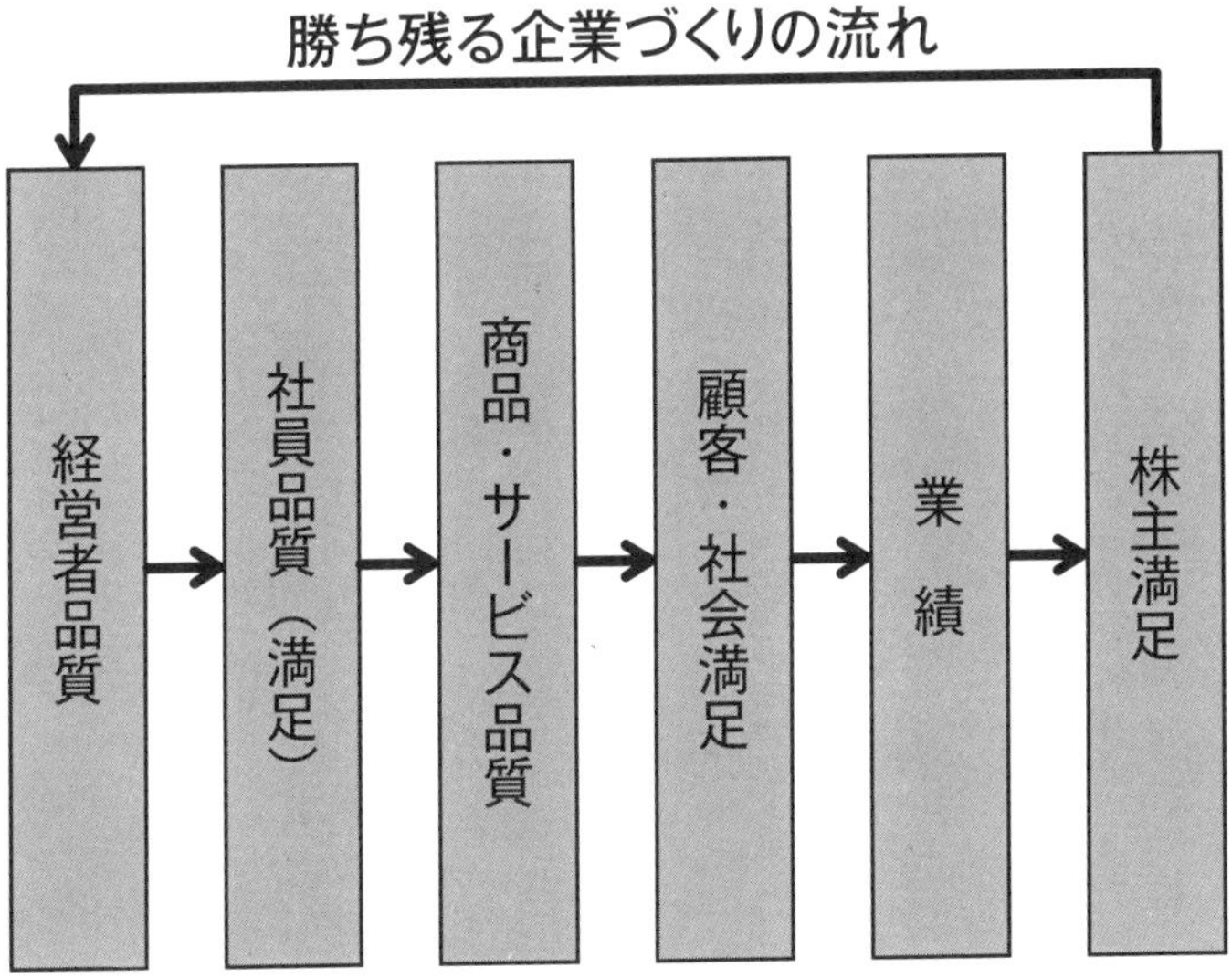

では、エクセレント・カンパニーというのは、いったい何が同じなのか？

私が作成した「勝ち残る企業づくりの流れ」というフローチャートを見てください。

結論から言うと、このフローチャートに合致した経営をみなさんが実行すれば、自分の会社がつぶれるということは、まずあり得ません。

この流れ（矢印）は左から右へ向かっていますが、解説は逆に右から左に進めていきます。

ここに株式会社があるとします。株式会社が果たすべき最終的な責任のターゲット、相手、対象は何か？　それは株主です。

会社というのは、株主の出資金で成り立っています。株主のおかげでわが社は生まれることができたのだから、株主に対する責任は、株式会社の果たすべき最終的な責任だろうと思います。そして、わが社が株主に対する責任をきちんと果たすと、彼らは喜びます。「株主満足」が発生するわけです。

株主は通常、株価が上がり配当をコンスタントに得たときに満足します。そのためには、右から2つ目の箱がすぐ必要になります。業績です。売上げ、とりわけ利益です。

次に、その業績を良いものにするために絶対外せない条件は、右から3つ目の「顧客満足」でしょう。顧客満足を外すと、時間の問題で、会社は市場から撤退を迫られます。顧客満足に対して手抜き工事をすると会社はつぶれる、ということです。

顧客満足の視野をさらに広げると、「社会満足」や「環境満足」という概念があると思います。会社とは、多様なステークホルダーの理解と協力によって生かさせていただいている存在です。

ということは恩恵（ベネフィット）を受けているわけです。恩恵を受けたら、お返しをしなければいけない。つまり、社会に対して、何をやって、どういう点で貢献ができるか？　もう少し目を広げれば、環境とどうやって共存を図るか？　環境をどうやって保全・修復するか？　といった感覚です。

顧客満足と社会貢献の両方を包含して、私は「顧客・社会満足」と呼んでいます。これを外すと、会社は時間の問題で市場から撤退を迫られます。

さて、わが社の存続繁栄にとって、絶対外せないのが「顧客満足」であることはわかりましたが、それでは顧客満足を果たす当事者は誰か？

最も重要な人間は、左から2つ目の箱。社員です。品質が高い人とは、スキルが高く、仕事がよくできるうえに、人間的に立派で人から信頼、尊敬されて、意欲も高い――そうした優れ者のことです。

ところで、社員品質の下に（満足）と書いてありますが、社員の満足というのも、ある意味では社員品質の一部です。

その満足には、①悪い満足、②正しい満足、③前向きな不満足、の3種類があります。

まず、「悪い満足」とは安易な現状是認です。これを大阪弁で言うと「まあ、ええやんか」ということです。「しょうがないよ、よそだって苦しんでいるのだから、うちだって、こんなものでいいよ、何も心配することないよ」というわけです。

次に、「正しい満足」とは、望ましい満足です。この状態は、社員が自分の会社や仕事に対して誇りを感じており、仕事を通じて自分を磨き、高めることができます。「会社と自分とは敵対関係ではなくて、共勝ち（ウィン・ウィン）の関係なんだ」という気持ちで働いている。まさしくそういう意味です。したがって、そういう社員は、わくわくモードで仕事をしています。

そして、もう1つは、「ポジティブ・ディスコンテント」（前向きな不満足）です。カッパ・ブックスを創刊した神吉《かんき》晴夫《はるお》氏という名編集者が書いた『現場に不満の火を燃やせ——ビジネスマン入門』（オリオン社）という本があるのですが、これは名著です。私は5回も6回も読みました。

仕事のプロセスは果たしてこれでいいのだろうか？　お客さまを大事にしているか？　時間の使い方、経営資源の使い方は果たしてこれでいいのだろうか？　わが社の人材育成のやり方はこれでいいのだろうか？　自分の勉強の仕方はこれでいいのだろうか？　と、毎日、経営者は朝から晩まで不満だらけで生きろ、というのです。

しかし、不満だけで、何もやらなければ、単なる不満分子で終わってしまいます。だから、不満はあるけれどもどうしたらよくできるか？　と考えるのです。これを私がつくった言葉で「現状否定・対策肯定」と言うと、わかりやすいと思います。

これが、ポジティブ・ディスコンテントです。

企業の運命は社長で決まる

社長のもつ影響力は最低90％以上

いま、図の右から左に話をもってきましたが、実際には、矢印は左から右へ向かっています。順番に何が起こるかを説明すると、左側にある社員品質が高いと、すぐ右の商品・サービス品質が高くなります。

優れた社員はスキルが高くて、マインドが高い。正しい満足感をもって、わくわくモードで仕事をやっている。そういう社員は、商品やサービスの品質を高める。それをお客さまに提供すると、必然的にお客さまは喜び、満足する。もっと素晴らしければ、感動する。納得ムードで商品やサービスを買ってくれるから、業績が良くなる――。

こういった流れができるのです。

さて、ここで、どうしても1つ言わなければいけないことがあります。わが社の社員品質を高めるためには、超原点にどういう条件が必要不可欠か？　もちろん、経営者の品質が高いことです。

会社が良くなるか、悪くなるかについて、社長1人がもっている影響力は、どんなに控え目に言っても90％以上です。私が社長をしているときも、営業所の業績が悪くて、らちがあかないときに、一番良い方法は所長を代えることでした。魚は頭から腐ります。

チームワークのほうが大事だと言う人がいますが、それは間違いです。メンバーの中に、仕事がよくできて、やる気のある人間がいるほうがいいのは当然ですが、いろいろなキャラクターをもったチームメンバーをそのうえで束ねる人が経営者です。これがダメなら、どんなに優秀なチームメンバーをそろえてもダメです。

もう一度、図の左から右へ行くと、経営者が立派で、経営者品質が高いと、当然、社員品質に影響を及ぼします。社員が良い商品をつくって、いいサービスを提供するようになるから顧客満足が発生するという流れができます。

経営者品質には、マネジメント能力やリーダーシップなどがありますが、一言どうしても言わなければいけないのが「倫理観」です。

こんなことは当たり前で恥ずかしいのですが、こういうご時世だからあえて言います。

私が45歳の年に日本人としては初めてジョンソン・エンド・ジョンソンの日本の社長になったときに、本社からＣＥＯが来て、グループ・ディスカッションをやりました。私はそのときの会長に尋ねました。

「あなたはトップリーダーにどのような資質、能力を求めますか?」

彼が即座に言ったのは、1番目が「アバーブ・アベレージ・インテリジェンス」（平均を上回る知性）。2番目は「エクストリームリー・ハイ・モーラル・スタンダード」（極度に高い道徳水準）でした。

つまり、トップとは、頭はそこそこでいいが、倫理観はきわめて高くなければいけないと言うのです。ああ、そういうものかと、目からうろこが落ちました。

もう1つ、この図を逆に左から見ると、一番左の2つの箱に共通する特徴は、「人」であること。「モノ」はやっと3番目に顔を出してきます。

たとえば、松下幸之《まつしたこうの》助《すけ》氏は、「わが社は人をつくります。それから物をつくります」と言っています。トヨタ自動車は、「物づくりの前に人づくり」と言っている。私に言わせれば「品質の前に人質」です。「ヒトジチ」ではなく、「ジンシツ」です。

伸びつづけている会社、勝ち組企業というのは、人材育成に対して手抜きをしていません。景気が悪くて、利益が去年の半分になったときに、教育訓練費を増やすような会社です。人づくりを、コストではなく、投資として考えています。

これが勝ち残る企業づくりの原則です。

この流れのどの1つのツボを外しても、会社は短期的に儲かることはできても、長続きはしません。いま、流行りの英語で言えば、サスティナビリティが担保できません。

会社を設立するのは簡単です。若干の資本金を集めて、何か技術をもっていて、部屋を借りて、社員を雇えばいい。つくるのは簡単。難しいのは維持することです。

設立された会社の8割が5年以内に消え、その後の5年以内に残った2割のうちの8割が消えてしまう。8年くらいで九十数%が海のもくずとして消えてしまいます。

私から見ると、多くの若い起業家がやっているのは、経営ではなくて、経営ごっこです。経営の勉強をしていない人は経営者になる資格がないのです。

原理原則を学ぶことなく、自己流で経営をやるのは、非常に危険です。

囲碁でも将棋でも、見よう見真似で友だちとやると、ある程度は上達しますが、どこかで伸びが止まってしまいます。

そのときに「定石」の勉強をすると、一段腕前が上がるわけでしょう？　この定石を学ぶのは、45歳を過ぎては遅いと思います。

鉄は熱いうちに打て。30代に学ぶべきです。

仕事で成功する究極の秘訣は「FUN」

これを好む者はこれを楽しむ者に如かず

最後に、究極の成功の秘訣を話しましょう。私が、もしビジネスマンとして、そこそこ上手くいったかもしれないという大胆な仮定でものを言えば、私をずっと支えてきたのは、ジョンソン・エンド・ジョンソンのジェームズ・バーク元会長から教わった言葉です。「何か物事をやって良い結果を出したいと思ったら、それはすべからくファン（FUN）でなければいけない」

何かやるときに、しんどいな、つらいな、かったるいなと、しかめっ面してやったってダメだ。どうせやらなければいけないことならば、楽しんでやってしまいなさい、そうするとおのずから良い結果がついてくるよ、ということです。

「ファン」という言葉も、ちょっと発音を変えると「不安」になってしまう。「ファン」と「不安」では月とスッポンほどの差がある。

私は心から信じていますが、ときどき職場の中で、さざ波のような笑い声が漂う職場は、楽しいし、活性化しています。

逆に、全員がコンピュータの画面とにらめっこして、何の声も音もしないというのは、墓場みたいな職場です。朝から晩までゲタゲタ笑えとは言いませんが、ときどき笑い声が漂うといい、ということです。

どうせやるのだったら、楽しんでやったほうがいい。けっこうしんどいときでも、ちょっと努力して、スマイル、にこにこ顔でやったほうが、物事は上手くいきます。

論語にはこういう言葉があります。

「これを知る者はこれを好む者に如かず。これを好む者はこれを楽しむ者に如かず」

何かを知っているだけという人は、それを好む人には負けてしまう。好きだという人は楽しむ人には及ばない――。

やっていることをなるべくファン（ＦＵＮ）にしましょう。

人間の気持ちというのは、自分でそう思うようにオリエンテーションすると、だんだんそうなってしまうのです。人間の感情というのは半分錯覚だから、良い意味で自分を錯覚にかけ、催眠術にかける。ファンの心で、あなたの人生や会社を経営してみてはいかがでしょうか。

第3講

マーケティング戦略

早く賢く成功するための10の質問

講師 池本克之
（経営プロコーチ）

エッセンスをパクる習慣を身につける

業績を上げるための最短距離戦略

この講義では、これまでに私がかかわった2つの上場会社や、私のお客さまのうち約9割の会社で実際に業績が上がった方法を解説します。そうした会社に共通するポイントを質問形式で列挙していきますので、みなさんの会社にどれくらい当てはまるかを考えながら読み進めてください。

中には、論理立てられていないと感じることや、何だかよくわからないが上手くいっているという方法もありますが、上手くいっていることだったら素直に真似したほうがいい——と私は思います。

ただし、そこそこやるのではなくてパワフルに思い切り真似てください。良さそうだと思ったら短期間でもいいから、ぜひ「だまされていない」と思って実行してください。だまされたと思ってやるとパワーが落ちます。思い切ってパワフルに実行すると、ブレークスルーが起きる可能性が高くなります。

これは、茶道や古典芸能などの世界も同じです。お師匠さんの型をまず完璧に真似る。息遣いから、足袋《たび》を履く足の順番まで真似る。完璧に真似ると、お師匠さんと同じことができるようになるので、そのうえで自己流のものを入れていくわけです。

それがゴールに到達するための「最短距離戦略」です。

ただし、ビジネスにおいて間違えてほしくないのは、「成功例を真似ろ」と言っても、そのまま同じことをしろと言っているのではありません。言葉は悪いのですが、「成功のエッセンス」をパクってほしいのです。

上手くいっている同業者と同じことをしても、扱っている商品が違ったりマーケットが違ったり価格が違ったりしますから、上手くいきません。

そうではなくて、「成功している例や上手くいっている人たちのエッセンスは何なのだろう？」と見極めていくところに面白さがあり、自分のビジネスに応用できる成功の秘訣があるわけです。

たとえば、これは「モデリング」という言葉で表してもいいかもしれませんが、私が化粧品の通販に乗り出したときに最初にしたことは、先行している同業大手のエッセンスを徹底的に研究することでした。

その方法は簡単です。彼らの商品を買えばいいのです。

社員を各社それぞれの担当に任命し、商品を買いまくってもらいました。

そのうえで、こんなことを徹底して調べました。

・サンプル品を買ってセールスの電話がかかってきたときに、意識的にあれこれと抵抗したら、どんな応酬話法をしてくるのか。

・実際に商品を買うと一緒にどんな資料が送られてきて、その後はどんなタイミングで次の売り込みのメールやDMがきて、何を勧められるのか。

日常の業務をこなしながら、全部で10社くらいのこうしたやり方をずっと定点観測しつづけたのです。

そうすると、いろいろなことがわかってきます。たとえば、商品を買ったときに一緒に送られてくるパンフレットだけを見ていても、ずっと同じテーマで送られてくる印刷物もあるし、どんどん変わっていくものもあります。

どんどん変わるということは、彼らがとっかえひっかえしながら試行錯誤しているものについては、まだ結果が出ていないと考えられます。

逆に、同じテーマでずっと送られてきているものは、効果があるから送りつづけているわけです。ですから、そこに表現されているエッセンスを読み取り、自社に合わせて同じものをつくればいいのです。

たとえば、前述の調査の場合、他社が成功していた代表的なものは、「お客さまの声」でした。私がそこから見つけたエッセンスは、「お客さまは、自分以外の人の感動や『こういう使い方もあるよ』といった成功例を知りたがっている」ということです。

ならば、その声を集めて紹介すればいいわけですが、こちらが期待するようなお客さまの声が届かない場合もあります。

そのときに、「これはお客さまから送られてきた意見です」として自社に都合のいいコメントをつくると問題がありますが、それを「お客さまの声」ではなく、「ユーザーの声」として紹介すれば、自社の社員だってユーザーであるわけですから、嘘にはなりません。

屁理屈と言われればそうですが、それを真似したところ、確実に反応が上がりました。こういった感じで試していただくといいと思います。

では、本題の質問に入りますので、これはと思うことがあれば、そのエッセンスを読み取って、さっそく実行してください。

質問1　あなたは何をしたいのか？

自分の夢に他人を巻き込む

　最初の質問は、「あなたは何をしたいのか？」です。

「儲けたい、稼ぎたい」では普通すぎます。私は、事業をやろうとしていて、そう思わない人には会ったことがありません。「利益を出したい」も当たり前。

　それに加えて、「何のために、何をもって、どんなときにそれをやろうと決意し、進んでいこうとしているのか」を明確にしておくことが大事です。

　個人的にどんなに優れた能力がある方でも、1人で事業をやって何十億円も稼いでいるという人はいません。みなさん、組織でやっています。最初は何人かの仲間がいて始めたものが、次第に何百人、何千人の組織に成長して、結果的に大きなものを手に入れているわけです。

　ということは、「自分が何をしたいのかを身近な人たちにわかるように伝える」ことが、リーダーとして最初にやらなければいけないことになります。

周りで手伝ってくれる人たちが、いわゆる「サラリーマン化」してしまい、たとえば、「社長はあんなふうに言っているけど、来月のボーナスはいくらなの？」とか「さあ、仕事は適当に切り上げて、どこに飲みに行こうかな」と考えている社員ばかりだとすると、みなさんの夢は叶いそうもありません。そんな感じがしませんか？

生活していくうえで給料のことは大事ですが、それよりも、「社長はそういうことがやりたいのか。よし、わかった、それに乗った！」「俺も同じ気持ちで一生懸命やって絶対にその夢を叶えたい。一緒に熱中したい、手に入れたい！」という社員ばかりだったら、絶対に成功する気がします。

しかし、結局それも、自分のやりたいことを相手にきちんと伝えていなければ、共感も何も生まれません。

私は、リーダーとは「自分の夢に他人を巻き込める人」だと思います。優れたメンバーを育て、成長しつづけられる仕組みをデザインできる人のことですが、これはほかの講師も言っている「リーダーシップ論」にも共通するものでしょう。

たとえば、みなさんの会社では「社員総会」をされていますか？

株主総会の「株主」を「社員」に置き換えて開催するのですが、私が実際にやっていたのは、こんな内容でした。

・過去四半期の結果をきちんと社員に知らせて、次の四半期に何をやるのかを社長が自らプレゼンテーションする。
・過去の３カ月間の功労者（活躍した人）を表彰する。
・「会社全体として何がしたいのか？」という長期的なビジョンを確認する。
・開催日時を決めたら、全員の仕事を終わらせ、電気を全部落とすぐらいの勢いで集合させる。時間的に無理やりでもやる。仕事がどうのこうのと言わず、３カ月前からこの日にやると決まっているのだからいったん全員集めて開始する。

こうした約束事をきちんと守っていたときのほうが、良い結果が生まれました。いま現在も、このやり方を試していただいている会社は結束力が高まり、社員のほうも、仕事でのやりがいが明確になっています。何のために自分がその仕事をやっていくのかがはっきりするからです。

そこをあいまいにしていると、あいまいな仕事になってしまいます。リーダーに必要なことは、社員に対して自分たちの行く先を明確に示すこと、つまり、「あそこへ行くぞ！」と旗をきちんと立ててあげることです。

質問2 経営資源を何に集中しているか？

戦略的フォーカスを明確にする

2つ目の質問は「経営資源を何に集中しているか？」です。あなたは、集中すべきことに集中せず、逆に、余計なことをしていませんか？

商売が上手で、同時に複数の商売をやっても上手くできる人がたまにいますが、その成果はどれもそこそこのように思います。

私から見ると、たとえば、4つの事業をして、それに必要な人材を集めて別会社をつくるぐらいなら、最初からどれか1つに集中したほうがいい。そのほうが4倍以上のパワーが出ます。仮にバラバラであっても、最終的には全部集約される見通しがあればまだいいと思いますが、そうでないケースもよく見かけます。

以前、私がある企業の経営に参加したときには、社内に通信販売についてあまり知っている人がおらず、通販をやりたいのになかなか動き出さない状況でした。

そこで、私が着任して最初にしたのは、社長に対して「何のためにこの仕事を始めたのですか?」と質問することでした。

社長からは明確な答えが返ってこなかったので、返ってくるまでずっと問いかけつづけました。

「何がしたいのですか? 何で始めたのですか? どこまで大きくしたいのですか?」

(中略)

「できるだけ大きくしたい」と社長。

「できるだけじゃダメです。具体的な金額を言ってください」

「じゃあ10億円」

「いつまでに、ですか?」

社長にとっては面倒くさい問いかけだったと思いますが、それがないとビジネスの設計図が描けません。

いつ、どの時期までに、何をすることによって、どういうレベルの会社にして、その結果何がやりたい――というビジョンを私は知りたかったのです。

「何にフォーカスしますか? 戦略は何ですか?」

「通販がやりたい」

「通販をやりたいと言うわりには、別なことをいろいろやっていますね。やめていいですか、全部ぶった切っていいですか？」

社長は「うーん」と悩んでいましたが、そうこうしている間に、私は実行してしまいました。

「通販のほかは全部やめます。それぞれに代理店用の営業の人がいて、店舗向け卸販売の担当の人がいて、どのチームも右往左往しています。儲かるとか儲からないではなくて、一番やりたいと思っていることに集中しましょう！」

そう言って、戦略的な集中をしました。

そうして、当初は通信販売で商品を売ることによって、社長は業界で最も有名な通信販売のブランドになるということを実現したわけです。

それから半年後ぐらいには、月商が2倍を超え、さらに半年後には5倍、そして、約3年後には40倍になりました。

もし、経営資源を通販に集中しなければ、この結果は得られなかったでしょう。

もう一度、お聞きします。

さて、あなたの「戦略的なフォーカス」は何でしょうか？

そして、そこに集中できていますか？

質問3　誰と仕事をしているか？

自分の求める人材を見抜く

私が経営者として一番大事にしているのは、「誰と仕事をするか」ということです。

というのも、目標を設定し、夢を語るのは、比較的簡単です。「早く1億円稼ぎたい」とか「売上げ100億円を達成したい」といったことは、簡単に言えます。

しかし、その目標を実現するための方法はたくさんあり、同じ方法でも、やる人が違えば違う結果になります。たとえば、ある商品を飛び込み営業するとして、売る人によって結果はまったく変わってきます。

つまり、誰と組むかによっても、ゴールまでの時間が短くも長くもなるわけです。最短距離で行くには、「どのような仲間を集めてスタートするか」が最も大事になってきます。

目標を立て、良い戦略をつくっても、それを実行する人間の問題が大きいのです。

そこで私が仲間に求める資質は、単に勉強ができるといった優秀さではなく、商売センスのようなものです。

どんな事業でも、モノやサービスを販売する場合には、お客さまの抱えている問題やニーズを解決する対価として代金をいただくわけですから、相手の課題を見極める力であったり、解決策を提案する力をもった商売センスが必要になります。なおかつ、経営者である私と同じ感性をもっていることが望ましい。

採用時に、そんな自分の求める人材を見極めるには、相手が身構えていないときの立居振る舞いを見る方法があります。

人間は短時間だけ、あるいは、緊張感をもっている状況なら、相手に気に入られるような態度や受け答えはできます。しかし、それが長時間になり、緊張感が解けた瞬間に、その振る舞いを見れば本性が表れているものです。

たとえば、あるメーカーの社長は、自分の部屋から外を眺め、訪れてきた人が駐車場にどんな車の停め方をするかを見ていたそうです。どんな停め方なら良いとか悪いとかではなく、自分と相性の合う人間、自分が欲しいと思っている人間を見極めるための材料にしていたのでしょう。

私自身の経験では、面接開始の前にエレベーターで一緒になった人がいたのですが、そのときの態度が面接のときと違いすぎたために不採用にしたことがあります。

そのほかには、新卒採用の面接時に、集まった学生さんにあえて会場の設営をお願いしたことがあります。共同作業をする中で、率先して動く人か、几帳面に机を並べる人か、周囲の人との瞬間的な関係づくりの能力があるか、他人への配慮ができるか、といったことを観察していたのです。

また、ほかの判断材料として私が大事にしているのは、「素直さ」と「勉強好き」です。素直さを見極めるための質問としては、普通なら明らかに記憶があいまいになっていることをあえて尋ねてみる方法があります。

単純な例では、「ちょうど1週間前の晩ご飯は何を食べましたか?」といったことを尋ねたときに、自分を良く見せようとして嘘をつく人よりも、素直に「覚えていません。忘れてしまいました」と答える人のほうが私は好きです。

なぜなら、その場を何とかごまかそうとする人は、実際に仕事を始めたときにも、そうした傾向が強いと感じるからです。

また、勉強好きというのは、素直さとも関連しますが、そうした姿勢のない人は、私が大事にしている「変化への対応」、あるいは「過去の成功体験を捨てていく」ということができにくくなるからです。

質問4 目的を決めているか？

会社の価値観と判断基準を明確にする

会社の業績を上げるには、「目標」だけではなく、「目的」を一緒に決めておくことが大事です。

たとえば、「○年○月までに売上げを○○円にする」という目標を決め、「○○に徹する」という戦略を立てることに加えて、それを達成したときに自分たちはどうなるのか？何が手に入るのか？　ということも決めておいたほうが、モチベーションが上がります。なぜなら、そこに向かって高い目標にチャレンジしているわけですから、「その結果として得られるもの」がわかっていたほうが人間はがんばれるわけです。

逆に、その目標を達成したとき、自分たちがどうなるのかわからないようでは、動けないと思います。

得られるものを一番わかりやすく言えば、ボーナスをもらえるとか地位が上がるといったことですが、私がここで言っているのは、もっと内的なモチベーションの話です。「働いていくうえで自分たちがなりたい姿」「自分たちが世の中からどのように認知されるか」「自分が自分をどう認知するか」というイメージを見せてあげることです。

たとえば、「日本で一番お客さまから愛される会社になる」でもいいですし、「一人ひとりの生産効率が業界で一番高い会社になる」でもいい。社員が会社に生き生きとして出勤して来るのは目的があるからであって、「今日も自分たちが何かをすることによって何かが達成され、その結果として自分たちがこうなる」ということが見えているからです。

また、目標と目的を決めたら、次は「共通のフレーズ」が必要になります。これがあると、自分たちの判断基準を1つにできるのです。

たとえば、通販でお客さまから問い合わせがあり、電話を受けた社員が何かしらの判断を求められる場面を考えてみます。

私は、オペレーターに対してはただ1つ、「それはお客さまのためになっていますか?」という判断基準を与えていました。それは、クレームにしても同じです。

会社の判断基準が1つであると、その場で誰が答えても同じ答えになります。

しかし、そこがあいまいで「いやあ、その場合はちょっとどうなんでしょう……。わかりません。上司に聞いて折り返し電話します」という対応をしていれば、お客さまがどんどん逃げてしまうでしょう。

上司に聞いても、社長に聞いても、判断基準がしっかりしていれば、答えは変わりません。だったら、その時間のほうがもったいない。

たとえば、私が社長をしていたときには、いかにスピードを上げても、朝一でかかってきた電話のクレームが私のところに上がってくるのは昼過ぎです。電話でああでもないこうでもないという話があって、担当者が困って部長に話を上げ、部長も判断がつかなくて半日後にやっと私のところにやってくる。

「お客さまからこんなことで困っていますとの電話がありました。代わりの商品をお届けしてもいいでしょうか？」と聞かれても、それは、いいに決まっています。

だったら、電話を受けたその人が「すぐ送ります」と答えたほうがずっといい。お客さまも納得されるでしょうし、社内で相談している時間と人件費の損失を防ぐことができます。

このように、社内の誰が受けても同じ判断ができるようにしたほうがいいし、そのための「共通のフレーズ」を1つつくっておくと、非常にスピード感も上がっていくのです。

質問5 他の人を道具として見ていないか？

社内の人間関係を見直す

経営者としてやりたいことを明確にして、それを社員に伝えているにもかかわらず、自分の思うように動いてくれないことがあります。

なぜ動いてくれないのかをよくよく考えてみると、社内で別の意見があることが多いのです。

実際にこんな経験をしたことがあります。ある会社で戦略を立てるところからお手伝いをしていたとき、非の打ちどころがないぐらいの戦略ができました。現場の責任者の方を交えて合宿してつくり込んだ戦略です。

ところが、3カ月ぐらいして訪問すると、何も動いていない。理由を尋ねると、広告費など新しいプロジェクトのための予算をどの部署がもつかでもめていると言うのです。

そんなことは腹を割った話し合いをすればいいのですが、事情を教えてくれた人が「いやあ、いつものことですから」と言ったのを聞いてあきれてしまいました。

戦略以前に、社内の人間関係に問題があるわけです。

では、どのようにすれば解決できるのか?

それは、「人を人として見る」社風をつくることです。つまり、他の人を自分よりも価値のないもの、能力の劣るもの、都合のいい道具として扱わないということです。

他の人とは、上司も部下もお客さまもすべての人が含まれます。もちろん、妻や夫、両親、兄弟、子供もです。

人は誰でも、向上心があり、楽しい、うれしいと感じます。そして、苦しんだり、怒ったり、悲しんだりもします。まず、「他の人も自分と同じ人なんだ」という感覚をもつことが大事です。

これは誰もが心の中にもっている感覚ですが、現実には、立場や経験が邪魔をして、人を人として見るというシンプルで基本的なことができていないことが多々あるのです。

たとえば、あなたは自分のアシスタントのことを、自分がやりたい仕事の一部を手伝ってくれる便利な道具だと見ていませんか? また、自分にとってこの人がいると不都合だ、嫌なやつだな、邪魔なやつだな、などと思っていませんか?

その人のことを悪く言っているときは、その人のことを人として見ていないのです。

それから、「あいつは放っておけ」と無視していませんか? 提案などをしてきても受け流して、いないものとして扱うというようなときも、その人のことを人として見ていないのです。

社員であれ役員であれ、会社にかかわってくれている人をきちんと人として扱うということを心がけてください。

また、人間関係は対立するだけでなく、なあなあの関係になっているのも問題です。

たとえば、若い社員が多いベンチャー系の企業では、もともと友だち関係から始まっていると、その延長線上の関係になってしまうところがあります。

会社では上司と部下でも、仕事が終わると友人として毎晩飲みに行っている関係で考えてみましょう。

それ自体は別にかまわないのですが、ほかの社員の目には、「どんな提案をしても結局はあの2人が飲んでいるときに決めてしまう。何を言っても無駄だ」と映っています。だから、人間関係から見直していかないと経営にスピードが出てこない。目標を掲げても動かないわけです。

このようなことを防ぐためにも、たとえば、制度や仕組みを整えて、能力のある人材がもともとの友人より上位の地位に就けるようにすることも必要です。

質問6 会社を楽しい場にしているか？

小さな達成を毎日ほめる仕組みづくり

リーダーの方への質問です。会社を楽しい場所にしていますか？

私がこれをお勧めして、そのとおりにきちんとやっていただいた会社はみんな、その後に上手くいっています。

なぜなら、最終的にはどんな戦略をとろうが、どんな商品を扱おうが、インターネットで商売をしようが、会社をつくっているのは「人」だからです。

多かれ少なかれ、ある場所に人が集まって何かしらをみんなで企てている。その集まった場所が「つまらない」とか「行きたくない」といった場所では、社員のパフォーマンスが上がりません。

イメージとしては、社員が朝起きると、「今日も会社に行きたくてたまらない」という場所にできるだけ近づけることです。

そのために私が心がけていることは、次の3つです。

1つ目は、小さな成功をすぐに祝う習慣です。

これは、私がある企業で毎日実行していたことです。やり方は、市販されている中で一番大きなホワイトボードを買ってきてビニールテープで表をつくります。

そこに、「年間、四半期、月間、今週、今日の売上げ目標」といったものを全部ブレークダウンして、今日1日の売上げ目標に達したら、もうその場でお祝いです。

ほかにには、新規の顧客数に関して、「サンプルを何個送れた」といったこともすぐにほめました。

別に表彰状などを用意する必要はありません。「よかったね！」とみんなでパチパチと拍手を送るだけでいいのです。それだけで、1日の仕事の終わりに、「会社に来て一生懸命仕事をするといいことがあるんだ」という意識をもってもらえるのです。

これは、ぜひお勧めしたいと思います。

2つ目は、ネガティブな言葉を使わないことです。

私が一番お勧めしているのは「お疲れさまでした」を言わないこと。朝から「おはようございます。お疲れさまです」と言う人がいますが、私などは「お疲れさまです」と言われたら、自分の頭の中で「疲れていません、疲れていません」と言い返します。

会社へ来て働いてせっかく楽しい場所にしているわけですから、帰るときでも「お疲れさま」とは言いません。

あいさつは「さようなら」でいい。「明日もよろしく」でもいいでしょう。

3つ目は、社員を大事にすることです。

社員と仲良くなるのも、会社を楽しい場所にする秘訣ではないかと思います。ただし、それはべったりしすぎるとか、アフターファイブまでお互いの家へ行ったり来たりするような感覚ではなく、適度に距離を置いた関係を構築することです。

そうした距離感を保ちながら「親友のように大事にする」わけです。

そうした前提で、あなたなら自分の本当に大事な部下をどのように扱いますか？

難しい話ではありません。前述のように、人を人として扱えばいいのです。

質問5で触れたように、自分が他の人を都合よく利用したり、悪口を言ったり、無視しているようなことに思い当たったら、「もしかすると自分はその人を道具として見ているのかもしれない」と疑ってください。

質問７　意思決定の速い会議をしているか？

社員全員を巻き込んで能力を引き出す

戦略を決めるときに、経営者のやりたいことを打ち出していくことは大前提として必要ですが、実際にやっていく方法については、社長１人で考えるよりは、複数の人数で考えたほうがより効果的な戦略が生まれます。

ただし、よくないパターンとして、会議が社長もしくはある特定の幹部の演説会になって終わっていることがよくあります。

会議をする目的とは、業績にインパクトをもたらすこと、意思決定を速くすること、そして、意思決定にふさわしいメンバーを会議という名の下に集め、巻き込んで意思決定をすることだと思います。

実は、そんな会議の手法があって、そういったものを活用したほうが、そもそもの目的が早く達成されます。みなさんは「すごい会議」をご存知ですか？

「すごい会議」というのは、大橋《おおはし》禅太《ぜんた》郎《ろう》氏がアメリカからもってきた手法で、『すごい会議』（大和書房）という本も出ています。

その効果は私も実感していて、「すごい会議」のコーチのライセンスも取りました。意思決定のスピードが全然違うのです。

一例を簡単に紹介しましょう。各人がいま抱えている問題をポストイット1枚につき1つの課題として書き、それらを全部ホワイトボードに貼り出して、同じカテゴリー同士にくくります。そうすると、誰がどんな問題を感じていて、解決しなければいけない問題がいくつあるか、といったことが一気にわかります。

そこから内容が重なっているものを外して1つに集約していくと、たとえば、「今月の売上げが足らない。あと1億円つくるために何ができるか」といった課題が明確になり、その1億円が足りない理由・課題も全部わかるわけです。そして、その課題を解決するやり方を考えれば1億円にたどり着くはずです。

実際、それぐらいの簡単なテーマなら、2時間ぐらいあれば終わってしまいます。

もう1つしてほしいのは、誰からも見える場所に仕事の流れをフローチャートにすることです。

たとえば、「新規の集客をするのに広告を打って、反響営業で集める。次に集めたお客さまにお礼の電話をする。電話をした3日後にDMが届くようにする」といった流れがよくありますが、それをフローチャートにして見えるところに貼っておきます。

これは、私の経験上、デジタルでやらないほうがいい。パソコンのブラウザを開くと誰でも見られるようにしたところでほとんど見ません。しかし、社員の通用口に貼ってあると嫌でも見る。会議をやるときも、そのフローチャートの前に集合して行うようにしましょう。

フローチャートを見ながら話をすると、自然と問題点にフォーカスできるので、全員一致で問題解決ができるのです。

ちなみに、もし問題点が明らかになっても、担当者を責めてはいけません。「なぜこうなっているのか。なぜ3日以内に電話できないのか」などと言われると、人間は言い訳を考え始めます。

責めてはいけないとするなら、どう言ったらいいのか？

代表的なのは、「どのようにすれば、いつも3日以内に電話をできるようになりますか？」と質問することです。そうすると相手が考え始めます。「リスト化しておいて、朝来たらチェックして、今日やることを確認すれば普通にできると思います」などと、あくまでも本人に気づかせて、言わせることが大切です。

そして改善ポイントを見つけて、ダメだったときは思い切って変えてみる。フローチャートを柔軟に描き換えるということです。

良いフローチャートができても、世の中はつねに変わりますし、お客さまのマインドも変わります。提供しているサービスや商品も変わるかもしれません。

定番の黄金律はありますが、たとえば、「DMは3日目に打つ」と決めつけてしまうと、本当は4日目か5日目がいいのかもしれないのに、いまよりもっと最善の策が見つからなくなってしまいます。

それを変えて、良くなったのか悪くなったのかについても、表にして全員に毎日見てもらいます。人数が増えてくると、社長自身が気づかないところに気づく人が出てきます。

「ここ、何かおかしくないですか？」

「おっ、そうだよな。直さなきゃいかんね、思い切って変えてみよう」

このような会話ができると、とてもいいと思います。

暗黙の了解のようになっている習慣や、見えなくなっていた無駄を排除するためにも、仕事の流れをフローチャートにしておくこと、全員の目に触れられるような表にしておくことはとても大事です。

質問8 わがままになっているか?

トップダウンで経営スピードを優先する

これまで「会議」や「他の人を人として見よう」といった話をしてきたので、何かを決めるとき、合議制のような感じで、何でも社員や役員と一緒に決めるほうがいいと思われたかもしれません。

しかし、ここで別なことを言います。

経営者は、わがままになったほうがいいのです。

物事を決めるにあたり、合議制のボトムアップだけで決めているとスピードが失われます。ですから、トップダウンは全然〝あり〟です。「いいからやれ!」でいい。

やるときもやめるときも、スピード優先で考えるのです。

だから、私がファシリテーションして会議を開くときには、答えを急ぎます。

「これについてどう思う? はい、○○さん。どうぞ。3、2、1、はい、次は○○さん……」といった感じです。

というのも、何かで読んで知ったのですが、人間は3秒で出した答えと30分考えて出した答えは、76％一致するそうです。

私の経験でも、それほど外れているとは思いません。だったら3秒のほうがいい。「必要なら残りの24％はあとで変えればいい」という感覚でやっていかないとスピード感が出てきません。

また、人間はいつも同じことばかりを考えていると、いつも同じ答えしか出ず、同じ思考パターンにはまってしまいます。

思い切ってわがままになりましょう。朝令暮改でもいいのです。社員から「この間まで社長はあんなふうに言っていたけれども、どうして突然違うことを言い始めたの？」と不審がられてもいいのです。

周りの人たちは多少混乱するかもしれませんが、それが社員たちには良い刺激になるからです。

刺激を受けた人たちは良くも悪くも何らかの反応をします。経営者は、それを上手く巻き込んでいけばいいのです。

質問9 マーケットを間違えていないか？

マーケットの選択基準をもつ

商売をやっていくうえで、「マーケットの選択」は、最も大事な経営判断と言っていいでしょう。

その選択基準は、飽和産業でニッチ（すき間）を探すか、新しい業態をつくるしかない――と私は思っています。

たとえば、かつて私がかかわった化粧品業界は飽和産業です。商品を使う人の数は決まっていて、今後の日本では、人口減少にともなって少しずつ減少はしていきますが、基本的には景気の波に比較的左右されないマーケットです。私は、その中でニッチ分野を探して、新しい分野を切り開いていきました。

マーケットといえば、私のところにはよく商品を売り込んでこられる方がいます。学者肌の方で、「とにかくすごい商品なんだ」と。自分でいままで売っていたがさっぱり売れないので、売り方を一緒に考えてほしいと言うのです。

しかし、あくまで一般論として考えてみると、すごい商品なのにまったく売れないのと、そこそこの商品なのにたくさん売れるのとでは、そこそこでもいいから売れる商品のほうがいいに決まっています（私がこれまでかかわってきた商品が、そこそこの商品というわけではありません。念のため）。

最終的には、商品の良し悪しはビジネスに大きく影響するのですが、画期的なすごい商品を長い時間をかけて必死に考えるよりも、まずは売り方を見つけることのほうがビジネスを成功させるには近道だと思います。

また、ある商品が日本国内で売れないからといって、中国などに進出したとしても、中国の人たちがそれを求めているかはわかりません。

いくら良い商品を開発しても、そもそもそれを欲しがる人がいなければまったく売れないのです。

ということは、単に良い商品をつくるだけでは、ビジネスとして成功する可能性は低いということです。何らかの課題をもっている人たち（マーケット）の求めているものを見極め、その課題を解決する商品を提供することが大事なのです。そのようなマーケットを見極める力があれば、たとえ日本の人口が7000万人に減ったとしても、ビジネスとして成功することができるはずです。

質問10 商品やマーケットを簡単に手放していないか？

変化しつつ継続する

10年先も勝ち残っていくという視点で言えば、経営者にとって一番大事なのは、変化することです。

未来のことは誰にもわからないのだから、わかった時点でそれに合わせて変えていかないといけない。しかし、時代の移り変わりとともにダメになっていく組織や人を見ていると、過去にやっていたやり方にしがみつく傾向があります。

そのため、新しいことを学ばず、ますます自分の引き出しが少なくなる。ばっさり過去を忘れて、いまがどうなっているのかを理解し、少し先を予測して、自らが変わることを恐れないことが大事です。

ただし、過去を忘れると言っても、それはやり方や考え方についての話であって、簡単にあきらめずに継続することも重要です。

大きなものでは事業そのものを継続することもそうですが、商品もそうです。マーケットがわかって、そのニーズに合う商品を投入できたのだったら、それをやりつづけることです。通販で言えば、リピート販売や定期購入であったりしますが、そこを簡単にあきらめてしまうと、利益率は落ちると思います。

そもそも商売というのは、買ってくれそうなお客さまや課題をもっているお客さまを探すことが一番たいへんであり、過去にお客さまの抱える課題を解決し、ご満足いただいた経緯があってせっかく良い関係を築けているのに、そのお客さまを手放す会社や人が多いのはとても不思議です。

実際に、経営者の方から「売上げが上がらない。どうしましょう?」と相談されたときに、「過去の顧客リストはどうなっていますか?」と尋ねると、意外とそのマーケットへの働きかけができていないケースが多いのです。

そんなときは、過去に商品を買ってくれたお客さまに対して販売していくだけで、売上げの積み増しがつくれます。連絡先も、買った商品もわかっているのだから、最も簡単な方法なのです。

だから、次の課題を解決するための提案(アフターフォロー)を継続していくべきですし、それは営業担当者などの個人レベルでも同じことです。そうした積み重ねが、10年、

20年、場合によっては50年、100年続く会社をつくっていくのだと思います。

＊

私は「程度大切」という言葉を大切にしています。

これは、「どの程度の力で物事に取り組むかによって、どの程度の成果を得るかが決まる」、つまり、「ものすごく大きな成果を得たかったら、真剣に思い切ってやらなければいけないし、中途半端にやれば中途半端な結果しか出ない」ということです。

自分がどれぐらい腹をくくるかによって成功の確率は上がります。

そのためには、オンとオフを切り替えることが大事です。たとえば、つまらない付き合いを断る代わりに、自分のやりたい仕事は一生懸命にやる。他の人が何を言おうと思い切りアクセルを踏んでいくことが大事だと思います。

思い切りやってみてダメでもいい。ダメだということがわかるからです。しかし、中途半端にやるとそれすらわからない。実は、思い切りやることが最も効率的な方法なのです。経営者やリーダーを目指すみなさんは、夢は必ず実現すると信じて、ぜひ本気になって取り組んでいただきたいと思います。

第4講

競争戦略

つぶされない会社のつくり方

講師 福田秀人（ランチェスター戦略の権威）

やるべきことをすべてやる

価格競争に果敢に挑み、高収益を確保

会社が10年、20年後にも生き残るためになすべきことは何か――。

これに答えるために、まず、1980年代の後半から90年代の初めにかけて、生活関連消費財を扱う中堅商社A社の経営にかかわったときの経験からお話ししましょう。

数え切れないほど多数のライバルが存在する激戦マーケットで、会社をつぶさないために思いつく限りのことにチャレンジした経験とノウハウが、いまも、そして、これからも役に立つと思うからです。

私がかかわった時期は、円高不況、バブル景気、バブル崩壊と続いた激動の時代で、消費財商社の多くが、売上げの低迷、急伸、急減といったプロセスを経て、10年ほどで消えていきました。

一方、A社の売上げは、次のとおり推移しました。

1982年130億円、84年260億円、86年316億円、88年507億円、90年55

3億円、92年632億円。

この推移を見ると、売上げが円高不況（84年、86年）のときに急伸し、逆にバブル景気（88年、90年）のときから鈍化していることがわかります。現在の売上げは、866億円（2010年度）で、財務内容抜群の東証一部上場企業になっています。

私は1984年からA社のコンサルティングに1年間携わり、そのダイナミックな活動に魅せられて入社し5年間勤めました（その後、コンサルタントに復帰）。

その間、取締役経営企画部長、人事部長、情報処理部長……と次々と役職が重なっていき、株式上場準備にも加わり、最後は、取締役管理本部長兼監査室長でした。

入社したとき、私は35歳、トップは37歳でしたが、彼は20代のときに勤めていた会社が倒産した経験から、「倒産ほど悲惨なことはない。何としてもつぶれない会社をつくる！」との強烈な信念をもっていました。

そして、「つぶれない会社をつくるために、やるべきことをすべてやり、やってはいけないことを一切やらない」という方針を明示し、その実行に取り組んでいたのです。

経営者の方々に会社をつぶさないための戦略を問うと、「堅実経営に徹する」とか、「独創的な商品を開発して、横並びの価格競争から離脱する」といった回答がほとんどだと思いますが、A社は違いました。

「うちの業態では、年商1000億円を超さないと信用力、ひいては仕入と販売での競争力に不足し、つぶれない会社にならない」と考え、成長街道を驀進《ばくしん》していたのです。

成長を急いだのは、いまは元気なトップですが、当時、交通事故の後遺症で、余命5～10年と宣告され、いつ倒れても不思議ではない状態だったからです。

つまり、トップの経営手腕に依存している会社を、短期間のうちにいつトップが倒れてもつぶれない会社にすることを目的とした戦略でした。

そして、営業面では、大量仕入や開発・並行輸入を活発に実施し、商品を安く調達することと、在庫回転率を大幅に高めることで、すさまじい価格競争を仕掛けていました。

価格競争を「利益をすり減らす愚かな行為」と決めつける論者が多いのですが、それはビジネスの実態を知らない素人的な発想です。価格競争に勝つことで利益をあげることができるのですし、高収益企業の多くは、価格競争に敢然と挑んでいます。

もちろん、イノベーションを実現できれば素晴らしいことですが、それは価格競争に勝つよりはるかに難しく、成功確率は限りなくゼロに近いと思います。

勝てそうな土俵に戦力を集中投入する

知恵と汗を振り絞ってライバルと差異化

A社の戦略方針は、いたって単純です。

「強力な在来商社と同じ土俵、方法で正面から戦えば必ず負ける。ついては、勝てる見込みがある領域を発見し、そこにもてる戦力を集中投入し、知恵を振り絞って戦い、成果を上げ、さらなるチャレンジをする――」

たとえば、折から台頭してきた家電、カメラ、ホームセンターなどの「カテゴリーキラー」と呼ばれる専門量販店には、それらの店の集客力と来店頻度向上のための廉価な日用品や、売上げ向上のための並行輸入した海外ブランドの時計やネクタイ、バッグなどをパッケージングし、売場提案やチラシなどの販売促進企画をつけて売り込みました。

こう言うと、「大きな成果はイノベーションの成果」とこじつけたがる論者や、それに洗脳された方々は、競争相手がいない領域を見つけた潜在マーケット開拓物語のように受けとめますが、とんでもない間違いです。

成長著しいカテゴリーキラーに売り込みを図る会社は多数いましたし、大量仕入、開発・並行輸入で安く販売する業者も珍しくありませんでした。

ただ、それらを組み合わせて、トータルに、かつ販促企画まであわせて売り込む会社がごくごく少数だったのです。

また、そこで負けないだけの創意工夫に必死に励み、知恵と汗を振り絞って差異化に成功したわけで、そこにはイノベーションと呼ぶような要素は、まったく存在しません。

実際、狙った領域で大きなシェア（特に、店内シェア）をとり、売上げが伸びるにつれて信用力がどんどん高まり、競争力が向上していくことを実感できました。

特に、年商400億円を超えたあたりから状況が劇的に変化し、量販店のバイヤーやナショナルブランドメーカーやその販売会社の幹部が、よく来社するようになりました。

リスクなく儲かる話には絶対に乗らない

やがて、1次代理店を数社に限定しているある有力メーカーから1次代理店の提案もきました。ただし、それは丁重に断りました。

売上げと利益は、労せずして大きく増えますが、価格決定のイニシアチブをメーカーに奪われてしまうからです。価格競争を仕掛けることで生きてきた会社が、そんな条件をのむのは、根本理念の否定になります。加えて、トップは次のように考えていました。

・商売は、厳しくつらいものである。楽して儲かる話に乗れば、以後、楽して儲けることばかり考えてしまい、まともな商売ができなくなり、会社をつぶす。

・リスクをとらなければ、イニシアチブをとれない。ビジネスでイニシアチブがとれないことほど危険なことはない。

・リスクのないビジネスはない。リスクがないのは、リスクに気づいていないだけ。リスクをはっきりさせて、リスクにチャレンジせよ。

これは、リスクにチャレンジしないと儲からず、会社がつぶれるから、リスクへの備えを思いつく限りせよということでもあります。

リスクに関しては、積極的にとるかとらないか、といった選択の余地はなく、とるしかないのです。

どんな小さな問題もおろそかにしない

社内で対立してもあらゆるリスクと戦う

私は、情報処理システムを入れ替え、販売・物流機能を強化し、営業活動の効率化を推進する一方で、営業活動の適否のチェック、それに、与信管理や在庫管理などの各種管理を徹底的に強化するなど、売上げの伸びを抑える役回りを演じました。

つぶれない会社にするために必要なシステムの機能については、幹部やシステムエンジニアたちと頻繁に議論したために、高度なリスク管理機能が満載されました。

その全容は明かせませんが、初歩的なことでは、販売先の売掛金額と受注金額の合計が与信枠を1円でも超せば、コンピュータが受注入力をはねつけました。

商品の発注に際しては、完売予定期日を入力させ、その期日を過ぎた在庫の品目と数量、金額を、数々の分析データ付きで出力するようにしました。それをもとに、売上げ不振商品の早期処分を推進したのです。

これは、トップの意思をくんだ措置ですが、思惑どおりに売れない商品の在庫増の恐ろしさを痛感しました。それは資金繰りに支障をきたすだけではありません。売りにくい商品を販売担当に売らせることを強いると、彼らの意欲を減殺し、前向きな活動の余裕もなくなって発展可能性をつぶしていきます。

また、売上げを伸ばすには、受注に素早く対応することが必要であり、それには手持ちの商品の品種と在庫を増やしておかなければなりません。販売担当は、どうしてもそのような安心在庫をもちたがります。

これへの対策の基本は、常時、在庫動向をチェックし、仕入担当や販売担当の「売ります」とか「売れます」という言葉を無視し、在庫の量や期限が一定水準を超した商品は、強制的に格安価格での処分命令を発することでした。

商売の基本中の基本である「見切り」の励行ですが、大きな見切り損を出すこともままあり、販売担当は、それをカバーして利益を確保するために、たいへんな努力を強いられました。

一事が万事、この調子ですから、売上げと利益を伸ばすのに必死の営業部門の役員、幹部たちに、血相を変えて何度詰め寄られたことか。もし、売上げや利益を伸ばすことが至上課題なら、売上げ急伸のひずみ、特に未回収金と在庫の急増でA社はつぶれていたと思います。

社会性と商道徳に反する行為を絶対に許さない

いくら売上げや利益をあげても、その手段方法が、法律はもとより、社会的な規範や商道徳に反するものであっては、しっかりとした会社は取引してくれませんし、遅かれ早かれ不祥事を発生させ、取引先から見離されてつぶれます。

そこで、トップは、次のような訓辞をことあるごとに発し、威圧的な折衝、小賢しいカケヒキ、相手の無知につけ込んだ取引を許しませんでした。

・仕事でも生活でも、後ろ指をさされるようなことはせず、どんな犠牲を払っても約束は守り、社会の信用を失うな。信用を失えば会社はつぶれる。

・商売は積み上げだ。1、2、3と積み上げていくしかない。我々はそれを早くやっているだけだ。絶対に1から3へジャンプするな。ジャンプすれば転げ落ちる。

・商売は博打《ばくち》ではない。競馬や麻雀をするな。すれば博打のような商売をするようになり会社をつぶす。

博打禁止を、「ただの建前」と揶揄《やゆ》する社外の人間もいましたが、建前はものすごく大事であり、「建前にすぎない」と馬鹿にするのは、とんでもない間違いです。「車が1台も走っていなくても、赤信号なら道路を渡らない」というのは建前ですが、それがあるのとないのとでは大違いだと思います。

問題解決には優先順位をつけず、発生順に対処する

企業の急成長は、本当の性格・資質・価値観などがはっきりしない新たな社員や取引先、顧客層の急増をともなうため、思わぬトラブルが続出して当然です。

問題のほとんどは予想もしない形で突発し、解決に時間をかければ、急速に悪化するので、断片的な観察や情報をもとに1つの対策を考え、決定し、実行する直観的意思決定で対処するしかありませんでした。

情報を収集し、分析し、いくつかの対策を考え、その中から最も良い案を選ぶといった分析的意思決定、つまり、ロジカルシンキングにこだわれば、時間がかかってタイミングを失し、脅威が高まり、チャンスが去ります。

A社では、問題には優先順位をつけず、緊急事態以外は、発生順に対処していくことを徹底していました。私はいまもこれが問題解決の合理的な方法だと思っています。

なぜなら、問題の重要性を評価して、優先順位をつけて解決していくと、小さな問題の

解決が後回しになって放置され、大きな問題になって火を噴くからです。

ただし、この発生順問題解決法は、個々の問題解決に時間をかければ、たちまち問題が山積し、収拾がつかなくなるので、どの問題も素早く解決していく必要が生じます。

これは、決定ミスによる大きな金銭的な損失や信用の失墜のリスクを増大させます。

その点、A社のトップは素早い決定と、ミスの早期発見・早期対応を重視し、大きなミスをしても謝れば許しました。しかし、ミスに気づかないことや認めないことは許しませんでした。

「整理、整頓、清掃、清潔、躾」を徹底する

ビジョン、理念、戦略、システム、チームワーク、リスクマネジメント、サプライチェーン、一連の定型業務の管理、取引先との関係、誠実な社員や取引先の確保、人材育成など、いくつもの要素に優れること、せめて劣らないことで初めて、つぶれない会社となると実感しました。要は、何かに強ければよいというのではなく、弱点を片端から発見し、強化していかなければならないということです。

その基本は、よく言われることですが、「小さなこともおろそかにしない」ことです。当然、A社では「整理、整頓、清掃、清潔、躾」の5Sがしっかりと実行されていました。

戦場の必勝原則を身につける

完全な解決にこだわるとスピードを失う

次に、先行き不透明な、不確実性がいっぱいのビジネスの世界で、会社をつぶさないために、トップやミドルはどのように決定し、行動するのがいいかを話しましょう。

プロシアの将軍クラウゼヴィッツは『戦争論』で、「戦場は何が起こっても不思議ではない不確実性の霧におおわれている」と論じましたが、ビジネスの世界も同じです。

そして、彼の考えを信奉してきたアメリカ陸軍が開発し、戦争での教訓や技術の進歩を踏まえて改訂を重ねてきたのが「アメリカ陸軍の指揮官マニュアル」であり、特に、FM3オペレーション（作戦）、FM5アーミープランニング・アンド・オーダーズ・プロダクション（作戦計画と命令の作成）、FM6ミッションコマンド（任務指揮）などです。

私は30歳のころにそれらを入手し（当時はFM3がFM100とされるなど、現在と分類が異なる）、また、防衛大学校や陸上自衛隊幹部学校の戦略・戦術教官に教えを請うて勉強していましたが、そのことが、ビジネスの現場で日々起こる問題への対処や部門統制、戦略の作成指導などにおいてとても役に立ちました。

アメリカ陸軍の指揮官マニュアルは、決定と行動のスピード・アップ、状況の掌握、部下との信頼関係の向上などのために心がけるべき事項と方法を示すものです。その一部を、次に紹介しましょう。

①完全な解決にこだわって、決定を遅らせるな。
②不確実性の軽減にこだわらず、不確実性を受け入れ、直観的意思決定をせよ。
③報告が重要な事項を欠くことや誤っている場合もある。この問題には、できるだけ多くの情報源にあたって対応せよ。
④用心深さによる誤りより、スピード、大胆さ、勢いによる誤りのほうがましである。
⑤時間を犠牲にして敵についての知識を深めても、リスクが低減するとは限らない。
⑥作戦計画は、単純（シンプル）でなければならないが、複雑さを無視し、単純化（シンプリスティック）しすぎてはいけない。
⑦計画に合わせて状況を作為してはならない。
⑧指揮は前線に存在しなければならない。
⑨作戦中のフェイス・ツー・フェイス・コミュニケーションは、時間の節約だけでなく、

統率（リーディング）の面からも重要である。

敵が喜ぶような凡ミスを排除する

これまで紹介したのは意思決定と部門や部下の指揮統制の心構えですが、戦略を立て、また実行するうえで守るべき原則も、アメリカ陸軍の指揮官マニュアルに「戦いの9原則」として、次のとおり明示されて、1921年に陸軍訓練規定として制定されて以来、今日まで変わりません。

①**目標**　あらゆる行動を、明確で決定的な目標（オブジェクト）に指向せよ。
②**集中**　緊要な時期と場所に戦闘力を集中せよ。
③**攻勢**　主導性（イニシアチブ）を維持し、保持し、さらにこれを拡大せよ。
④**機動**　戦闘力の柔軟な運用により、敵を窮地に陥れよ。
⑤**奇襲**　敵を、その準備していない時期、場所および方法で打撃せよ。
⑥**指揮の統一**　責任ある単一指揮官の下に努力を統一せよ。
⑦**簡明**　完全に理解できる、明瞭で簡潔な計画と命令を準備せよ。
⑧**節用**　非重点正面には、必要最低限の戦闘力を割当てよ。

⑨警戒　決して敵に予期せぬ利益を与えてはならない。

なかでも秀逸なのが、「警戒の原則」です。

その名称から厳重な警戒を連想しがちですが、「決して敵に予期せぬ利益を与えてはならない」とは、「敵がラッキーと喜ぶような、間抜けな警戒はするな」ということ。たとえば、戦場で陣地の周辺を警備せず、敵に侵入されて全滅するような例です。

会社の場合は、ライバルの新たな販促セールに気づかず、顧客を一方的に奪われるとか、顧客情報やクレーム情報などをずさんな管理で外部に流出させてしまうようなことでしょう。

とにかく、常識的なことを、常識だからやっていて当然と思わず、しっかりとチェックし、対応することが必要です。

なお、1980年代から、「これまでの常識や方法は通用しなくなった。これまでの常識や方法を否定し、新たなパラダイム（ほかの理論と優劣比較すらできない革新的な理論体系）を創造しなければ企業の存続はない」という創造的破壊論が盛んになりましたが、このような「戦いの9原則」が通用しなくなったとは考えられません。

実際、いま生き残っている会社は軸のぶれない会社ばかりであり、創造的破壊論を真に受けた会社はつぶれていると思います。そうした論や、それに類したアイデア一発逆転論などは、現実を検証しようともしない、こけおどしの暴論ですが、勇ましく単純なだけにヘンな説得力があるので要注意です。

これまでの常識や方法を疑い、検証し、間違っていると判断すれば改廃することは大事ですが、はなから否定するのは滅茶苦茶な話です。

時間的に余裕がある場合はMDMPを踏襲して決定する

アメリカ陸軍は、先に紹介したとおり、意思決定と実行のスピード・アップを要求しますが、これから新たな作戦を開始する場合など、時間的な余裕がある場合は、次のように、MDMP（ミリタリー・ディシジョン・メーキング・プロセス：軍事的意思決定過程）と呼ばれる手順を踏みます。

上級司令部より任務の受領→任務の分析→情報収集・観察・偵察&上級司令部などへの情報要求→味方と敵の可能行動をいくつか列挙→可能行動の可能性や優劣を比較（図上演習）→最良の行動方針（オプティマムコース・オブ・アクション）の選択→作戦計画作成。

これは、多くの経営論にも記されている意思決定のプロセスと変わりませんが、次の行動方針の評価基準が、たいへん役に立ちました。

①適合性（シュータビリティ）　任務に適合し、仮定は妥当か。
②実行可能性（フィジビリティ）　利用可能な資源で、任務を達成できるか。
③受容可能性（アクセプタビリティ）　想定される人的・物的・時間的コストが成果に見合い、法的・軍事的・政治的に受容可能か。

会社の場合は、「法的・軍事的・政治的に受容可能か」を、「法的、経営的、社会的に受容可能か」と読み替えればいいと思います。そして、まず適合性、続いて実行可能性、最後に受容可能性を検討していくのです。

それにより、適合性を論じているのに受容可能性を問題にするといった、議論のテーマの食い違いを防ぐことができます。

適合性で不可となる案を、実行可能性や受容可能性から検討する無駄も省けます。

受容可能性の検討は、法や社会道徳に反する手段方法を未然に防止し、ＣＳＲ（企業の社会的責任）の推進にも貢献します。

ランチェスターに優る競争戦略はない

成熟市場で弱者が生き残る最良の方法

続いて、生き残るために、自社の競争戦略を考え、また、ライバルの戦略をつかむためのフレームワークについて話したいと思います。

広く知られている「SWOT分析」「PPM理論」「ポーターの競争戦略論」などは、私が経験してきたビジネスでは使えませんでした。なぜなら、それらは「多数の強力なライバルが存在し、商品力で大きな差をつけるのが困難なマーケットで売上げと利益を伸ばす」というニーズに対応していなかったからです。

低価格か高付加価値のいずれかを追求すべし――というポーターの競争戦略論からすると、A社は低価格の追求で急成長に成功したように見えますが、安ければ売れるという単純な状況ではありません。

消費者に魅力を感じさせるセールスポイントを、価格以外に2つくらいもつ、つまり、商品の差異化ができており、それを上手にアピールしないと売れません。

これは、私の経験から導いたことですが、経営者なら実感できる方が多いのではないでしょうか。

また、高付加価値な商品の開発に全力を尽くせばいいという考えは、経営者にとってもたいへん魅力的なもので、それが人気の秘密だと思います。しかし、そういった商品が売れるマーケットはシュリンクする一方であり、結果、たいへんな激戦区に変貌し、実際、そういった商品を扱ってきた会社や店舗は、どんどんつぶれてきました。

付加価値とは粗利のことですが、いくら粗利が高くても、販売するのに必要な人件費などがかかれば、高価格、高付加価値、大赤字となります。

高級ブランド品とて例外ではなく、売れるのはルイ・ヴィトンやシャネルなどごく一部の高級ブランドであり、それすらここへきて低迷しつつあります。

そこで、私が推奨し、使っているのは「ランチェスター戦略」です。

アメリカの競争戦略論は、1990年代から、このあとで触れるバーニーやゲマワットなど、ようやくまともなものが出始めました。私は、それらの戦略論も使いますが、ランチェスター戦略に優るものはないと思っています。

エボリューションを追求する弱者の戦略

ランチェスター戦略は、1972年に、マーケティング・コンサルタントの田岡信夫《たおかのぶお》氏と社会統計学者の斧田大公望《おのだたいこうぼう》氏が開発・提唱した競争戦略論です。

ランチェスターの法則とは、「戦場で、戦力に劣る弱者が、戦力に優れた強者に勝つ条件と限界を導き出す」ものです。この法則が、消費者マーケットの競争にも適用できることに気づき、開発したのです。

オハイオ州立大学のバーニーや、ハーバード・ビジネススクールの史上最年少教授になり、ヨーロッパのトップクラスのビジネス・スクールIESE（イエセ）に転じたゲマワットなど、今日の競争戦略論をリードする面々の理論は、ランチェスター戦略と見事に整合します。

ただ、後述するように、ランチェスター戦略のほうが、競争優位の条件を明示しているなど、はるかに優れた水準にあり、使い勝手がいいと思います。

特に、需要の伸びが期待できず、多数乱戦状態にある成熟マーケットで、マーケットシェアが小さく劣勢にある弱者が、マーケットシェアを増やし、優勢に転じて生き残るために、何をし、何をしてはならないかという「弱者の戦略のフレームワーク」を提供する理論は、ほかにありません。

今日でも、ドトールコーヒーの鳥羽《とりば》博道《ひろみち》氏、イー・モバイルの千本倖生《せんもとさちお》氏、HISの澤《さわ》田《だ》秀雄《ひでお》氏をはじめとする、競争に敢然と挑戦し成長している企業のトップたちが使っているほか、ソフトバンクの孫正義《そんまさよし》氏もグループ戦略の核に据えていると言っています。

2番手戦略が一番いい

ここ30年ほど、独創的な商品を開発し、競争を回避して大儲けせよといった趣旨のイノベーション論が盛んです。

しかし、ランチェスター戦略は、正反対であり、独創的な新商品の開発に依存する戦略は危険とします。なぜなら、独創的な新商品が売れる可能性は、数パーセントであり、よく売れたなら後発参入が相次ぎ、しかも、後発参入組のほうが、商品、販売条件、販売状況などをチェックできるため、より魅力的な商品を、より効果的に開発し、販売できるからです。

そういった後発参入を防ぐ、ないし振り切ることができるのは、強力な資本力、技術力、そして流通支配力をもった、ごく一部の大企業だけです。

そして、新商品をヒットさせた先発企業が、後発参入による激しい競争を誘発し、敗れ、破綻《はたん》していくことを、ランチェスター戦略では「先発弱者の悲劇」と呼びます。

では、どうすべきなのか。

ランチェスター戦略は、概略、次のように説きます。

「経営の長期計画としては、技術的変化やイノベーションを前提とした先発型市場参入のための研究、投資も必要だが、短期的には、後発型でいいから、差別化戦略の内容とコンセプトをしっかりと立てて、勝てる見込みのある市場に参入する」

これを「ミート戦略」と呼びますが、バーニーは「2番手戦略」(セカンド・ムーバー・ストラテジー)と呼び、IBMやP&Gなどがそれに優れていることを指摘しています。

松下幸之助氏は、「よそさんの品もんのええところを徹底的に研究して、何か1つ2つ、足せばええんや」と、単純明快に言い切っています。

要は、イノベーション(革新)ではなく、いまよりまし、ライバルよりましというエボリューション(進化)に徹するのです。

新しい商品、さらには経営技法などが、イノベーションだと評されることがありますが、それらはエボリューションの成果だと思います。

ナンバーワン以外は弱者である

商品の差異化と一点突破を追求する

ランチェスター戦略は、利益については、赤字ではダメだという程度であり、ライバルの顧客を奪い、マーケットのシェアを高めなければ、競争力を高めることができず、存続可能性が低下するとの現実認識に立っています。要は「シェア至上主義」です。

そこで重要な課題は「在来商品のライバルとの差異化」です。品質、機能、デザイン、サービスなどを、ライバル各社より少しでも魅力的なものにする創意工夫、改良改善に励むのです。実際、わずかの差が売れ行き、ひいてはシェアに大きく影響します。

もう1つの課題は「販売力の一点集中」です。地域や顧客層などで、マーケットを細かく分類してチェックし、ここなら、がんばればシェア・ナンバーワンになれると判断できるセグメントを見つけ、そこに、販売努力を集中するのです。

ただし、やみくもに競争に挑むのではなく、より大きなシェアをもつ強いライバルから学び、より小さなシェアしかもたない弱いライバルの顧客の奪取に集中し、シェアを高めるのです。そして、シェア・ナンバーワンのセグメントを順次増やし、全体でのナンバーワンを目指すわけです。軍事の基本である「弱点打撃」と「目標・集中・攻勢」という戦いの原則と同じです。絶対的に有利な立場にあるのはシェア・ナンバーワンの商品だけであるとの認識を踏まえ、ナンバーワン以外はすべて弱者と規定します。

大勝を狙わず、小さな勝利を積み重ねる

シェア・ナンバーワンを目指せといっても、いきなり狙えば、1から3、いや10へのジャンプとなり、転げ落ちます。攻略する目標でも、達成すべき目標値でも、実力相応のものにし、ステップ・バイ・ステップで成果を上げていかなければなりません。

この場合、目標だけでなく、実力相応の目標値をどう設定するかが問題となりますが、ランチェスター戦略は、それに応えた唯一の戦略論です。次に示す「市場占拠率目標値モデル」により、相対的な力と位置付けを認識したうえで目標値を設定できるのです。

①上限目標値 74％：絶対的な独走状態。
②安定目標値 42％：安定的な強者の位置。独走態勢に入る（↓概算40％）。
③下限目標値 26％：弱者と強者の境目。トップになることもあるが不安定。

④上位目標値　19％：弱者の中の相対的強者。伸びるか、落ちるか不安定。
⑤影響目標値　11％：存在がマーケット動向に影響を与え、注目される。
⑥存在目標値　7％：存在が競合社として認められる。
⑦拠点目標値　3％：存在自体が無視されるが、何とか存在できる。

この中で、特に大事な数字は、26％と42％です。

多数のライバルがいるマーケットで、イニシアチブを失わずにがんばるには、最低26％のシェアを獲得すること。そして、安定的な強者になるためにはシェア・ナンバーワンになるだけでなく、42％、概算40％以上のシェアをゲットすることが必要なのです。

激戦区と空白区は避ける

ランチェスター戦略は、シェア・ナンバーワンだけでなく、ここなら、がんばれば40％ぐらいのシェアはとれるというセグメントを選んで、攻略することを要求します。

それは、強力なライバルがいないところ、競争が激しくないところですが、これについて、ランチェスター戦略を開発した田岡信夫氏は次のように説いています。

「大きなマーケットは、どの企業も重視しているだけに、大競合地帯になっており、ここで勝つことは容易ではない。勝てたとしても、他社に大きな差をつけることは困難である。むしろ、小さなマーケットで勝ち、その積み重ねでシェアを伸ばす姿勢が望ましい」

要は、大勝を狙わず、小さな勝利を積み重ねよということです。ただし、「ライバルのいないところへは行くな」とも指摘しています。未知のマーケットほど危険なものはないからです。たとえ成功しても、あとから他社が次々と参入し、先発弱者の悲劇に陥る危険が大きくなります。

そこで、狙うのは先発者がいるところ。そして、規模が小さく、視界が利き、先発者が強くないところとなります。2位が弱いマーケットやセグメントを狙うことも推奨します。つまりは、1位だけが強いということですが、そのような状況では、2位以下がとても弱く、1位も絶対水準ではたいして強くない可能性があるからです。

逆に恐ろしいのは、1~3位あたりが接戦状態のマーケットです。これはどこも強い大激戦区の可能性が大きいので、避けたほうがいいでしょう。

テリトリージャンプはタブーである

集中は、誰もが唱えますが、意外と見落とされているのが、「集中とは、ほかの可能性を捨てること」という事実です。

たとえば、岡山県への売り込みに集中することにしたら、そこで優勢に立つだけのシェアを獲得するまでは、そのほかの地域への売り込みをやってはいけないのです。

「広島県で何かおいしい話があるぞ」となると、人間、つい、そちらへいきがちですが、そういったことを始めると、力がどんどん分散してバラバラになってしまいます。

よそ見をしてはダメということですが、これには、たいへんな勇気と根性がいります。すぐに成果が上がっていけばよいのですが、ビジネスの世界では、そういったことはめったにありません。当然、不安になります。そこに、ほかに良い話が出てくると、それに飛びつく、つまり浮気をしてしまう。

こうした浮気を、「テリトリージャンプ」と言い、ランチェスター戦略ではタブーとしています。テリトリーを広げるならば、まず岡山県で成果を上げてから、次は広島県、その次は……といったように順々に攻略すべきなのです。

ただし、集中しても成功するとは限りません。成果が上がらなければ、見切ってほかのテリトリーへ移るか、商品の抜本的な見直しをするか、あるいは、撤退しなければなりません。これは、これまで投じた努力や資金が無駄だったと決めることであり、たいへんな覚悟と決断力がいりますが、このような見切りができずに集中するのは危険です。

見切りは、会社の運命を左右する重大課題なのです。

ランチェスター戦略を全面的に導入した自動車ディーラー

いささか古い例ですが、今日も通用すると思われる、ランチェスター戦略導入事例を紹介しましょう。

1970年代半ば、都内にあった自動車販売会社C社は、当時、系列店で全国最下位の成績で、赤字が累積し、存続も危ぶまれる状況でした。そこへ新たに赴任したトップは、最後の勝負として、ランチェスター戦略を導入しました。

まず、各営業所の担当地域はもとより、個々の営業マンの担当地区を厳格に定め、それ以外の地区での営業活動を禁じました。「担当地域から一歩も出てはいかん、そこで勝負しろ！」と厳命したのです。

ここで1つ問題が生まれます。営業能力に劣った人間が担当した地域は、ライバル企業の草刈り場になってしまうことです。そこで、次のような教育システムを導入しました。

・営業所長の下に係長をつけ、所長に教育と販売管理をする時間をつくる。
・各営業所のトップ営業マンを営業から外し、営業所の教育課長に任命する。
・毎月、成績ワースト3の営業マンの営業に、教育課長らが1週間ずつ同行指導をする。

・本社営業部長は、毎月、成績ワースト10の営業所の係長に個別面談指導を行う。
・成績ワースト3の営業所長には、本社営業部長による3日間の合宿研修を行う。

各営業所のナンバーワン営業マンを営業から外すというのは、たいへんな決断ですが、そこまでして、できの悪い営業マンの能力の底上げに全力を尽くしたわけです。

ただし、いくら教育しても適性に欠け、成果が上がらない営業マンもいます。そこで、「3カ月連続でワースト3に入った営業所長と営業マンはほかの仕事に配転する」ことにしました。

このように、ランチェスター戦略に従ってさまざまな対策を実行した結果、同社は翌年から目に見えて業績が好転し、2年後に目標達成率で全国1位になったのです。

なお、ランチェスター戦略は、合理的で現実的な優れた競争戦略論ですが、必勝の戦略論ではありません。なぜなら、これは広く開示されており、ライバルもランチェスター戦略を使っていることが、往々にしてあるからです。

要は、「ランチェスターの敵はランチェスター」となっているわけです。そこで問われるのは、戦略の構築力と実行力の優劣です。戦略をいかに徹底し、実行するかで勝負が決まるのです。

エージェント問題の脅威と対決する

社員のほうがより多くの情報をもっている

さて、これまでお話ししてきたことを、経営者がいくらがんばっても、会社の危機を脱することができないことがあります。ここでのキーワードは「社員」です。決められたことを実行する「やる気」で劣っていては、どうしようもありません。

そこに、社員のやる気を向上させる方法や制度が提唱されるのですが、その多く（おそらくすべて）が、組織経済学が指摘する「エージェント問題」という深刻な問題に気づいていないか、目をそむけているように感じます。

組織経済学は、1980年代から発展してきた新しい学問分野であり、会社などの組織の行動や、組織内で発生している問題を、経済合理性の観点からクールに分析します。経済合理性とは、会社も人も、欲得で動くということです。

そして、その支柱となる理論の1つが「プリンシパル・エージェント理論」です。プリンシパルは「依頼人」、エージェントは「代理人」です。旅行代理店、弁護士、そして私のようなコンサルタントも、エージェント商売です。なぜそういった商売が成り立つかというと、代理人のほうが圧倒的に豊富な情報をもっているからです。

ここに、問題の芽が発生します。依頼人は情報をもっていないから、代理人がごまかしをしてもわからない。そこで、ごまかしに励む代理人が生まれるのです。これがエージェント問題です。

そして、この理論では、社長は社員に仕事を頼む依頼人で、社員が代理人となります。上司部下で言えば、上司が依頼人で、部下は代理人とみなします。

実際、新入社員は別として、社長より社員、上司より部下のほうが、担当している仕事についての知識と情報を、はるかに豊富にもっているはずです。

はっきり言ってしまえば、社員は社長より、部下は上司より賢いということです。そこに、社員や部下が、ばれないように不正を働く余地が生じるのです。

悪い情報だけでなく、良い情報も報告されない

ここでの不正とは、犯罪だけでなく、手抜きなど、正しくないこと全般の意味です。

ほとんどの経営論や人事論は（論者自身が気づいているか否かは知りませんが）、社長より社員、上司より部下のほうが情報をもっているという前提で、あれこれ論じています

が、組織経済学では、そんな甘い前提を捨て、それとは正反対の前提を置いたのです。

たとえば、社員は、自分の不手際で得意先を失った場合でも、「あそこの会社は無理難題ばかりふっかけるので、取引をお断りしました」と報告できます。

以前、某製薬メーカーの社長が、「営業マンは社長をだまし放題だ。俺が営業マンだったからよくわかる」とテレビで言っているのを聞いたことがありますが、そのとおりでしょう。

しかも、社長や上司に、悪い情報だけではなくて、良い情報もろくに入らないのが、圧倒的多数の会社、部門の現実だと思います。情報は力であり、抱え込むほど権力がアップするため、社員は良い情報を最小限にしか出さないのです。

そのためトップは現状を正しくつかめず、とんでもない判断ミスをしたり、いろいろな問題に気づかず放置して大きくしてしまい、気づいたときはもはや手遅れというはめに陥るわけです。

私が、商社で、情報処理システムの抜本的見直しや現場回りに力を入れた最大の理由は、そういったリスクを少しでも減らすためでした。

成果主義の導入は会社をつぶす

組織的怠業を悪化させる危険な制度

エージェント問題への理解不足に加えて、「会社をつぶしかねない問題に発展させる制度」を推奨する論者やコンサルタントもいます。

その制度とは「成果主義」です。これは日本だから上手くいかないといったようなものではなく、どの国でも上手くいかない。それどころか、やる気をなくす程度ではすまず、モラルハザードを蔓延させ、会社をつぶしてしまう危険のある制度です。

これまでお話しした状況で成果主義を導入すると、次のような問題が発生することを、組織経済学者は指摘しています。

・大きな成果を上げるチャンスがあっても、以後、目標が引き上げられないよう、ほどほどの成果に抑える。

・達成できない可能性のある目標や難しい課題を設定しないようになる。

・会社のためにやるべきことをやらず、目先の利己的な行動に走る。
・伝票操作、問題隠し、問題の先送りなど、成果が上がっているようにみせる。
・弱い取引先に不当な要求をしたり、顧客をだましたりするなど、成果を上げるために手段を選ばぬようになる。

これらのことをしない誠実な社員は、「正直者が馬鹿を見る」の格言のとおり、評価が下がり、給料が下がりますから、やる気をなくし、中には辞める人も出るでしょう。

また、最初の３つの行為だけでも競争力を低下させますが、あとの２つは典型的なモラルハザードであり、一瞬にして、会社の業績や信用を大きく毀損し、会社をつぶすリスクを高めます。

なお、こういったことは、成果主義を導入しなくても発生します。成果を高く評価されるほうが、会社の業績が悪化したときにリストラの対象になる確率が低く、また、地位も給料も高い役職に就く可能性が高くなるのですから、当然と言えます。

問題は、成果主義を導入すると、その状態が格段に悪化することです。

年功序列と終身雇用のほうがはるかにまし

成果主義が上手くいかない根本原因は、成果を正しくつかめないことではなく、適正なノルマを決めるのが至難のワザだからです。

「誰が、何を、どれだけしているか」をカウントできる単純な作業であっても上手くいかず、さらにやっかいな副作用を生みます。職場や部門ぐるみで業績を上げすぎないように怠ける「組織的怠業」（システマティック・ソルジャリング）が発生するのです。

大事なことは、エージェント問題というやっかいな問題があることを知り、職場や部門のリーダーに、それに対応する必要を理解、実行させ、トップも現場回りをして、情報隠しや組織的怠業などをチェックし、気づけば厳重に注意し、それでもダメなら辞めてもらうしかありません。

ただし、この場合も、辞めさせられた社員が大きな損失を被らなければ、さしたる抑制効果はありません。

成果主義論者がよく言っているように、その社員が、ほかの会社でももらえるような市場賃金しか得ておらず、雇用も保障されず、長く勤めても賃金が上がらなければ、辞めてほかの会社に転職してもさしたる損失を被りません。

一方、賃金が勤続するにつれ上昇していき、真面目に働く限り雇用も保障されている場合は、辞めれば、給料が下がるだけでなく、将来得るはずの昇給分も得られず、大きな損失を被るので、辞めさせられないように、真面目に働くという理屈です。

この理屈は、私ではなく、エドワード・ラジアーというスタンフォード大学の労働経済学者が30年ほど前に、「なぜ、アメリカの大会社では、定年までの雇用を保障し、成果や能力と関係なく、賃金を上げていくのか」という疑問に答えるために提起したもので、「効率賃金理論」と言います。

念のため言いますが、アメリカの大企業の多くが、総合職には年功賃金と長期雇用を適用しています。だからこそ、ラジアーのような理論も生まれるのです。

最近、これと同じことを論じる日本の経営戦略学者もいますが、ラジアーは、そういった大会社は、若い社員を厳しく鍛えることも指摘しています。そんな厳しさを知りながら、また、若いときは給料が安くても誠実に働き、長期勤続し、それにより将来高い給料をもらうことを望む人間が、会社にとって良い人材、ひいては誠実なエージェントとしての資質をもっているというのです。

年功序列と終身雇用は、エージェント問題対策になります。このように簡単に割り切ることはできないかもしれませんが、成果主義よりもはるかにましな制度と言えます。

できる取り組みから始める

決定的倒産要因はいますぐ排除する

いくつか挙げてきましたが、やるべき課題はほかにもたくさんあります。しかし、現状でやれていないことを3つもやれば、10年、20年後も生き残る会社へ大きく前進すると思います。なぜなら、それに関連していろんなことをやることにつながるからです。

いきなり、全部やれと言ってもやれるものではありません。そんなことを試みれば、何ひとつやれずに終わります。できるものから始めてください。

逆に、やってはいけないことをやっているなら、すぐにやめなければなりません。やめるだけですから、やるよりもはるかに簡単なはずです。また、それだけでもつぶれる危険は大きく減るというのが、私の考えです。

最後に、会社をつぶすのに抜群の威力を発揮する要素を、私なりに「クリティカル・バンクラプト・ファクター」（CBF）、つまり、決定的倒産要因としてまとめてみましたので、参考にしてみてください。

【CBF（クリティカル・バンクラプト・ファクター）】

経営理念関係

①社会的な規範や法令の軽視
②社員との共存共栄理念の欠如
③顧客第一主義と顧客言いなり主義のはき違え

経営戦略関係

①計画経営の追求
②人材育成などの戦力の強化の軽視
③劣った会社との弱者連合
④付和雷同的なブームへの便乗
⑤人材や資金の過小投入と逐次投入

意思決定関係

①事実確認抜きの情報をもとにした予想と決定

②特定の断片的情報をもとにした予想と決定
③希望的観測にもとづく予想と決定
④決定や行動のタイムリミットの未設定
⑤失敗と見切るための勇気と判断力の欠如

組織運用関係

①社内での情報の操作や隠匿
②上司が部下の失敗に責任を負わないなどの組織原則違反
③情報の共有による個別意思決定の追求
④官僚化や組織的怠業の放置ないし促進
⑤自己実現の追求などのアンチ管理発想

マス・マーケティング関係

①客よりライバルをマークする
②個々の顧客の独自のニーズに対応する顧客満足論の追求

第5講
リーダー論

プロフェッショナルリーダーの条件

講師 井上和幸（社長のヘッドハンター）

自分を磨けばチャンスは転がっている

リーダー人材の市場は100万人以上

いま、日本では100万人以上のリーダーが不足しています。

帝国データバンクによると、日本では毎年3万人強の社長交代が行われていて、そのうち3000人強は、外部招聘（転職）によって誕生した社長です。

そのほかに、後継者が見つからなければ廃業危機にある中小企業が、全国で数十万社あります。つまり、経営幹部や部門長まで含めれば、100万人以上のリーダー人材が求められていることになるのです。だからこそ、未来のリーダーのみなさんにも多くのチャンスがあり、私のような人材コンサルタント／エグゼクティブリクルーター（通称ヘッドハンター）も必要とされているわけです。

本書の執筆中に東日本大震災が発生しました。この講義では、「苦境に立ち向かい、未来を切り拓く経営者やリーダー」になるためには、どのような準備をしていけばいいのかをお伝えしたいと思います。

まず、強調しておきたいのは、これからの商取引や事業展開において、「企業内個人」という概念がとても大事になるということです。

会社対会社というよりは、〝あなた〟対〝相手の会社の○○さん〟というビジネスシチュエーションがこれまでにも増してより重要になってきているのです。そういった意味では、たとえば、自己紹介で「個人」を語っていくことはとても大事です。

というのも、ヘッドハンターとして他人様のキャリアを数多く見ている立場から、日本人は「自己」がない自己紹介がとても多いと感じるからです。

サラリーマンの方の多くは、自己紹介と言いながら、オフィシャルな情報、たとえば、勤めている会社や部署、役職、サービスなどを話すだけの傾向があります。

個人情報をむやみに出す必要はありませんが、自己紹介の中に自分のパーソナリティを表す情報がどれくらい含まれているのかについて、つねに意識をもっていたほうがいいと思います。たとえば、自分のできること、実績、何かこだわっていること、やりたいこと、理想、さらには自分の家族、住んでいる場所、趣味、生い立ちなどに至るまで、といったことです。

逆に、相手の情報を受け取るときにも、これを意識すると、意外と面白いことが多くなります。相手がどんな価値観をもち、どんな考え方で動いているのか、といったことがくっきりと見えてくるでしょう。

個人ブランドを確立する

私は「お墨《すみ》付き人材」という言葉をよく使っています。これは、自分のこれまでの実績が業界やメディアで取り上げられるなどして、目に見える形で客観的に評価されるようになることです。

自分で自分を墨付けていく——、つまり、「私自身はこんな人間である」という旗を、なるべく明確に立てていく意識が大事です。事実として優れていることがまず重要ですが、その優秀さが具体性をもって社内外に知られていることがさらに大事なのです。

これは若手の方もそうですが、特に上に立つ方にとって、これからは「個人ブランド」の確立がとても大事になっていきます。

実例を挙げましょう。以前、ある有名企業の社長だった方とお会いしたときのことです。とても立派な経歴をおもちの方だったのですが、レジュメを見てお話しすると、「社長を2年間やった。その前は○○部長だった、その前はこうでした」という説明しか出てこないのです。

私が「2年間社長をやられたときにどのような成果を上げたのでしょうか？」と質問す

るまで、ご自分からは具体的なアチーブメント（実績）についての説明がまったくありませんでした。これでは、その方の能力を判断しようがありません。

みなさんも、転職をするとなったときには、自分が担当していた職務の中で、その期間中にどんな役回りがあって、そこでどんなことをやったためにどんな成果が出たのかということを明確にしておくことが大切です。

職務をお話しされたり、職務経歴書に記載される際に、私は「ファクト」（事実）＆「ナンバー」（数字）＆「ロジック」（論理）の3点に徹して表現されるよう、つねにキャリアコンサルティング時に指導しています。

ちなみに、「お墨付き人材」とともに、ヘッドハンターとしての私が重視するポイントは、その相手が「お値打ち人材」かどうかということです。これは、その人の現在の年収と、いまもっている実力や価値を比較した場合に、お値打ち感のある人のことです。

ヘッドハントされやすい人材になるためには、年収の絶対額ではなく、年収600万円なのに800万円の価値のある仕事をしている人、年収800万円なのに1000万円以上の仕事をしていると思わせる人になっている必要があるということです。単純な年収やスキルの多寡ではなく、こうしたロジックはぜひ理解しておいてください。

リーダー人材の転職は35歳からが本番

自己ミッションを設定する

一般的な転職市場では、35歳を境に評価ががらりと変わるとされています。「転職するなら35歳までに」とも言われます。新卒採用を重視する日本企業の場合、社内の人事的な処遇や組織配置のバランスを崩したくないとの力学が働くからです。

しかし、部長以上のリーダー層の募集については話が違います。

すでにお話ししたように、リーダー人材の求人ニーズは年々増加しており、リーダーを目指す人にとっては35歳からが転職市場での本格デビューなのです。

そのためにも、この年齢までに、「自己ミッション」を設定できているかどうか、つまり、自分はどのような職務やビジネス領域で何をして、どんなテーマの仕事をライフワークにしていくのか、が明確になっていることがとても大事です。そして、そのミッションの実現に向けて不断の努力をしていくことも。

また、人との出会いの大切さについては改めて後述しますが、自分を知り、自分が求めているものが明確になっていなければ、人がたくさん集まっている場にどれほど出かけて行ったところで、ビジネスにおいて人を見る目を磨くことができず、良い仲間を見つけることもできないでしょう。

同じように、「どうしていいかわからない」「教えてほしい」とすぐに他人に答えを求める人は、自分の中に照らし合わせるべき軸が明確でないことが多いような気がします。

いずれにせよ、リーダーを目指すにしても、特定分野のスペシャリストを目指すにしても、日々の仕事に追われて、ぼんやりとしたまま30代半ばまで過ごしてしまうと、取り返しのつかない大きな差になってしまうのです。

ヘッドハンターが見るのは「不満の向き」

もう1つ、本格デビュー前の準備に関する助言をしておくと、「積極的な不満をもつ」ということが大事です。

人間というのは、絶対に不満がある生き物です。ないほうが逆によくありません。不満がないのは天国みたいな状態であるということですから、逆に言えば、何かを良くしていこうという原動力がないことになります。

問題なのは、その不満の方向です。ヘッドハンターの目から見ても、転職や日常的な職務において、その人の不満の状態が消極的なものなのか、それとも積極的なものなのか、という思考回路の差はとても大きいと感じています。

消極的な不満というのは、たとえば、「あれがダメ、これがダメ。自分はここがもの足らない。うちの若いやつは言い訳と不満ばかりだ。こんなふうに上司が理解してくれない」といったような、要するに普通の不満です。

逆に、積極的な不満は、「あの件はどうなっているのか？　こんなふうにすれば、こんなふうに上手くいくと思うのだが……」といった前向きな代案まで含まれた不満です。

私は、その人とお会いして、会話の向きがどちらになるのかに注目しています。みなさんも意識していると、相手の不満の向きがどちらを向いているのかはすぐわかると思います。

もし、あなたのもっている不満が積極的なものであれば、あなたは将来、大成功する可能性が高い人です。

仮に、消極的な不満であっても大丈夫。不満の向きは比較的修正しやすいので、積極的な不満をもつ習慣に転換していけばいいのです。

不満を口にするときには、つねに代替案をプラスすることを心がけてください。

社内で出世するほど売れない人材になる

競合他社が欲しがる能力を磨く

将来のリーダーを目指す人に対して、私が処世術をアドバイスすれば、「出世競争から降りなさい」ということです。なぜなら、社内の出世競争で勝ち残るほど社外で売れない人材、社外価値の低い人間になってしまうからです。1つの会社で出世をした人は、違う環境に置かれると使い物にならないケースが多いのです。

というのも、職階が上がるほど社内の人脈が増え、何でもやってくれる有能なスタッフを多く使うようになり、まるで夫婦や家族のように気心の知れたネットワークができ上がります。出世するほど、自分が楽に仕事ができるシステムを手に入れるわけです。

そして、そんな環境に慣れてしまった人ほど、その便利なシステムを使えない状況、つまり、ほかの会社では「仕事ができない人」になってしまう可能性が高いのです。

私が「出世競争から降りなさい」と言うのも、特に奇をてらったわけではなくて、一歩引いた目で会社との適度な距離感をもって自分の職務能力を見つめる一方で、1つひとつ自分の職務をしっかりとこなすことで、仕事を自分主体のものにすることが大事だという意味です。

それを自己判断するのは簡単です。

・自分がいましている仕事を外注として請け負うことになったときに、会社はいまの給料と最低でも同額、できれば3倍程度のフィーを自分に払ってくれるだろうか？
・競合他社は、いまの自分の能力を欲しがるだろうか？
・社外にいざというときにお願い事ができる人脈がどれだけあるか？
・定期的に参加している社外のコミュニティがどれだけあるか？

こういったことを考えながら日々の仕事に取り組み、リーダーとしての職務能力を高めていけば、社内での出世競争を降りたとしても、あなたは「引く手あまたの人材」になることができるでしょう。

また、「ＰＬ」（損益計算書）と「資金繰り」に関してまったく知らない人は、それなりに将来の準備をされている方や一定の役職以上の方ではいないと思いますが、その一方で、自分が会社に対して人件費を得て何かの対価労働をしているという意味で、自分自身のＰ

Lバランスや、資金繰りバランスというものを理解していない方は、部長以上のクラスの方でも意外と多い印象があります。

・個人として自分がもらっている報酬に対して何が返せているのか？
・自分が貢献している稼ぎの部分がどれくらい整合しているか？
・担当している職務に関するPL、資金繰りはどうなっているのか？

こうした意識がどれくらいあるかで、リーダーとして買われるか、捨てられるかの差が出ている気がします。たとえば、こんな話をする人がいます。

「会社もなかなか理解がなくてね。いま厳しいのはわかっているけれども、将来に向かっていろいろな投資をしなければいけないと思う。いま自分が任されている事業も、1年か2年かとにかく投資してもらったら、その蒔《ま》いた顧客基盤が数年後に花開くんだから……」

この考えは、ある面では正しいのですが、こんなふうに話す人は「資金繰りはどうするのか？　その間のつなぎ資金は？」といった問題を、リーダーとして考えていないケースが多いのです。「いや、それは……、資金は会社に何とかしてもらう」と。

しかし、経営者の方は、その経営意識のなさにあきれているはずです。

自分カンパニーのPLと個人のBS

先ほどの自分自身のPLに関連する話として、リーダーを目指すみなさんに強くお勧めしたいのが、「自分カンパニー」のPL（損益計算書）と「個人」のBS（貸借対照表）をつくってみることです。

自分カンパニーのPLとは、自分自身を会社に見立てた損益計算書です。

たとえば、自分が出している売上げは「売上げ」に、逆に、自分が実際にもらっている給料は「人件費」になります。これは普通に考えると逆になってしまうので注意してください。自分の給料は売上げではなく「人件費」です。よくあるライフプランニング的な話ではありません。

たとえば、井上という社員が「井上カンパニー」という架空の会社を想定し、その会社が自分の勤めるA社と契約を結んでいると考えるわけです。

・井上カンパニーがA社のために売り上げているものは何だ（営業マンならいくらだ）。
・井上カンパニーが自分に払っている給料、保険料・税金や諸経費はいくらだ。
・グループで仕事をしている場合には、A社の仲間たちの給料を想像して、この仕事

をするうえで彼らに払うとしたらいくらぐらいで、A社の資源を使って結果として
いくらぐらい利益を出したか。

こうしたことをアバウトでいいのでつねにイメージしてみてください。

また、個人のBSのほうは、ややライフプランニングに近いのですが、自分の「資産」を無形のものも含めてまとめて棚卸しします。

これもライフプランニングが目的ではないし、金額に換算できないものもありますから、家計のためにもっているものは総額を出しておくくらいでかまいません。

それよりも大事なのは、「負債」のほうで言えば、どれだけの投資を自分にしているのかということです。その項目は、自分が投資だと思えば何でもいいのです。勉強会の費用や書籍代、飲み会や映画のお金でも。その金額が自分のもっているものの中でどれだけ占めているのかを把握しておくわけです。

「資産」のほうでは、人脈やスキル、知識、資格などを棚卸ししてみる。これをせめて年に1回分析してみることが大事です。

もとより厳密なものではないので、あくまで自分の実情を把握するために紙に書いてみましょう。書き出してみると、新たなヒントがたくさん出てきます。

伝達役だけのリーダーは生き残れない

組織を活性化させるリーダーになる

これからのリーダーは「カブキ役者」であるべきだと、私は思っています。

ここで言うカブキ役者とは、「カメレオン」「ブラックボックス」「キーワード提示」の3つの頭文字を取ったゴロ合わせです。

まず「カメレオン」ですが、いまの時代は非常に環境変化が激しいため、つねにフレキシブルに環境適応していくこと、つまり、カメレオンのように姿を変えられる力は大事になっています。

「ブラックボックス」というのは、みなさんが答えを欲しがっているときに、「ああ、それはこういうことだよ」と、ポンと解答を出せるようになることです。

この複雑怪奇な時代にあって、ロジック（筋道立てた論理）や仕組みをきちんと理解したがらない人が増えています。面倒くさいので、「とにかく答えを教えてくれ」というわけですが、この良し悪しは別として、いまの部下や取引先がそうしたメンタリティであるケースはとても多いと思います。

リーダーなら、こうすればこうなるというロジックをもっているのは当然のこと。さらに、優秀なリーダーは、どういう理屈かはわからないが、あの人に聞くとすぐに的確な指示が出てくるという表現力ももっています。つまり、ブラックボックス的なアウトプットもできないといけないわけです。

最後の「キーワード提示」も、リーダーには欠かせない能力です。

私は、経営者が身につけるべき「まとめる力」の1つとして、「ゆびとま力」（この指とまれ！）という話をよくします。

これは、「自分は仲間とこれを成し遂げたい！」という夢や理想やビジョンを明確に掲げている人、そして、自分が先頭に立って楽しんでいる人のところに、人や物やおカネが集まってくるということです。

自分自身が何かを信じて指を掲げるからこそ、そこにとまりに来る人たちがいる。逆に、自分のお客さんに対してどんな夢や成功のサポートができるかを徹底的に洗い出す――。そうやってキーワードを提示し、「この指とまれ！」のできる人が、これからの時代に買われる経営者、リーダーになっていくわけです。

ボールを自分の足元に置かない

リーダーの行動では、「ＳＯＳ」も大事です。

つまり、「シンプルに物事をとらえる（考える）こと」「オープンなコミュニケーションをとること」「すべての決断や行動が早いこと」です。

これらが可能になるのは、リーダーとしての自分の方針や考え、価値観、その時々で求めるものなどが、頭の中でいつも整理されているからでしょう。

だから、彼らの行動にはスピード感があるし、話も短く、わかりやすいのです。

たとえば、私が人材コンサルタントとして経営者やリーダー、プロフェッショナルのみなさんと接していても、仕事のできる人ほどメールの返信が早いものです。みなさんはどうでしょう？　どんなに忙しくても24時間以内にレスポンスをしているでしょうか？（本書の講師は全員、恐ろしくメールレスポンスが早いですよ！）

行動の「ＳＯＳ」を実践していくには、「ボールをずっと足元に置いておかない」という意識も大事です。とにかく仕事で何かが自分の足元にきたら、ずっと抱えていないですぐに蹴り返すこと。これは精神衛生上もすごくいいです。

実は私自身も、20代のころには、それがなかなかできませんでした。

自分に集まってきた案件は、なまじ丁寧に仕立て上げようとするから、完成するまで足元に長く置いておくことになります。すると、宿題をいっぱい抱えた子供みたいになるので、どんどんつらくなっていきました。

ところが、あるときに、すでに独立起業していた先輩から同様のアドバイスを受けて、とにかくボールをどんどん返していくことを始めた途端に、自分自身もすごく変わっていったのです。

私の経験上、これを組織の全員に徹底させていくと、仕事の精度も上がるほか、とても活力があって元気な組織になります。

組織の透明化、オープン化が活力を生む

組織のオープン化、透明化の効用については、特に重要な概念ですから、少し詳しく説明しましょう。

20世紀の大企業は、社長は日頃は「奥座敷」から指示を出し、本人が隠れていること、情報を隠していることが、権威の源になっている時代がありました。

中間管理職にしても、「俺だけが情報を知っている」ということが部下に対する権威となっていましたが、そんなタイプの上司は、いま急速に死滅への道を進んでいます。

ネット社会になって以来、情報のオープン化が進み、いわゆる仲介業が成り立ちにくい時代になっていますが、かつての中間管理職も、いわば社長と従業員の間に入る「情報仲介業的な役割」が大半でした。

つまり、トップの意志を現場に伝達してあげる機能を担っていたわけですが、いまは社長が直接社員とやり取りできるツールがあります。オープン化、透明化の流れはさらに加速していくでしょう。

そうなると、中間管理職から伝達機能を取り去ったときに、「あなたが高い給料をもらっている意味は何ですか？」という話になってくるわけです。

さて、未来のリーダーを目指すみなさんは、伝達役しかできない従来のような管理職になりたいのですか？　それとも、みんなで良い仕事をしていくために、透明度を高め、「ゆびとま」をして、自分からメッセージをどんどん発信していく真のリーダーを目指したいですか？

答えは聞くまでもないと思います。

〝悪貨人材〟が〝良貨人材〟を駆逐するのを防ぐ

「悪貨は良貨を駆逐する」という「グレシャムの法則」ではありませんが、会社組織においても、特に不況期や会社の業績低迷期には、下位2割の集団という「悪貨人材」が徒党を組んで暗躍し、経営批判や手抜きのススメを裏で吹聴しまくることがあります。

このことに頭を悩ませている経営者やリーダーは多いと思いますが、防ぐのは簡単です。解決策は、「オープン化」しかありません。

すべてのコミュニケーションや業績情報、中間指標（KPI）数値、財務情報、意思決定の経緯・判断基準などを徹底的に公開して共有するのです。

つまり、良い話も悪い話も、正しい判断も間違えてしまった判断もすべて公開し、「裏話禁止令」を出すわけです。

経営者・リーダーのみなさんには、オープンなコミュニケーションが担保されている土俵をつくり、そこで建設的な批評や意見交換、提案を行うメンバーに主導権をもたせてあげることに徹していただきたいと思います。

オープンな企業風土や仕組みをつくることができれば、「良貨人材が悪化人材を駆逐する」ようになり、組織はみるみるうちに息を吹き返します。

経営者力を高める5つの要素

社外価値をアップする方程式

ヘッドハンターとして多くのエグゼクティブの方と面談させていただいた経験から、経営者力を測る方程式をつくりました。経営者力とは何だろうとずっと考えてきて、次の5つの力がその要素にあるという結論に至ったのです。

①描く力
②決める力
③やり切る力
④まとめる力
⑤学びつづける力

まず「描く力」「決める力」「やり切る力」の3つがベースになります。それをさらにレバレッジさせてくれる（テコの原理によって小さな力で大きな力を出すといった意味）のが、「まとめる力」と「学びつづける力」です。

各要素を簡単に説明しましょう。

「描く力」というのは、構想力です。

これから自分が目指す姿や目標に到達するまでの展開などを、頭の中でくっきりと描いて、それを周りの人に説明できる力のことです。

これを鍛えるには、いまの自分から2ランクくらい上の視点（役職）から、自分の仕事や今後すべきことを見る習慣をつけるとよいでしょう。

「決める力」というのは、文字どおり、決断力のことです。

先ほどの「ブラックボックス」の話ではありませんが、リーダーは、その場その場での明快な解答や決断が求められます。しかも、素早く、正しくなくてはいけません。

そのためのトレーニングとしては、日常のあらゆる場面で即断即決する習慣をつけることです。ランチのお店選びでも、その日に着る服のコーディネートでも。

そこでポイントになるのが、なぜそれを選んだのかを、きちんと理由づけることです。どんな場面でも、自分の「判断基準」を明確にしていく中で、真の決断力が養われていくのです。

「やり切る力」は、計画を絵に描いた餅で終わらせない力です。コンサルタントと経営者、一般的なリーダーとプロフェッショナルリーダーとの違いは、この部分にあると言っていいでしょう。

この力を鍛えるためには、目標を小さく分けてハードルを下げ、決めたことは必ず達成する体質をつくり上げていくことです。

次は、この3つの力を、掛け算によってレバレッジさせていく2つの力です。

「まとめる力」というのは、本書のテーマにもなっているリーダーシップ力。多くの人を動かす力です。

わかりやすい例は、先ほどお話しした「ゆびとま」ができるかどうかでしょう。みなさんは、自分の夢や理想やビジョンをつくり上げていますか。それを熱く、生き生きと仲間に語れるでしょうか。

最後は「学びつづける力」です。

リーダーを目指す人は、当然ですが他の人よりもたくさん学ばなければいけません。しかも、日々変化していく環境に対応するために、ずっと学びつづける必要があります。社外の勉強会に積極的に参加し、そこで築いたコミュニティや人脈を大事にしていくことが大事です。

ポイントは、その時々の自分よりも上のレベル、そして、自分の知らない分野の人たちに交じって学ぶ機会をつねにつくっておくことでしょう。

優秀なリーダーほど、周りの人が聞いて驚くような勉強の場、しかも楽しい交流の場をいくつももっているものです。

"You're what you meet/read/eat."――こんな言葉がありますが、私たちは、カラダもココロも「外部」から取り入れたもの（だけ！）でできています。最もわかりやすいのは、食事でしょう。ジャンクフードしか食べてこなかった人は、その結果として不健康な身体になっています。

情報も同じです。間違った（悪い）データをシステムに入力したら、間違った（悪い）結果しか出てきません。逆に言えば、その人がそれまでに会ってきた人たち、読んできた本、観てきた映画、聴いてきた音楽、行った場所、食べてきたもの、などを見れば、その人がわかるということです。

ということは、日々関係をもつ人たち、物事、食事の1つひとつを大切に選び、取り入れていかなければいけません。

私自身、食べ物はともかくとして、本・映画・音楽などに関することにはずいぶんと投資してきましたが、それらが直接的、間接的に、仕事にも生活にも役立ってくれている実感があります。そして、何よりも、人とのご縁については本当に恵まれています。自分の強みがあるとすれば、唯一これではないかと感じています。

さて、これら5つの力は、本来は全部そろっていないと、特に経営者という立場に立つことは成り立ちにくいと思います。

しかし、「描く力はないが、決めて、行動する力はある」とか、「すごく構想力には長けていて、交渉というところまではできるが、やり切るところは弱い」ということなら、実務上見ていて成り立ちます。

ですから、最初の3つのうち弱い要素が1つあったとしても、リーダーシップ力と学びつづける力で補っていけばいいでしょう。

覚悟、根性、志はあるか

ほかの講師の方も言っているように、前記の5つの要素に加えて、リーダーには「覚悟、根性、志」の〝3K〟が必要です。

私がこれまで数々見てきた事実からも、高い志と熱い思いをもって踏ん張ってやっている人のもとに、いろいろなものが集まり、チャンスをつかんでいると感じます。

ニュースなどを見ると、誰も責任をとらずに逃げている経営陣も残念ながら見かけますが、やはり経営者たる者、自ら腹をくくって、俺はこれを成功させたいんだという覚悟をもつことが、すべての出発点という気がします。

また、志という意味で言えば、リーダーとしての考え方を社内外に広く発信していくことで、個人の顔が見える経営をしていくことが大事です。何度も出ている「ゆびとま」です。はからずも2011年3月11日に発生した東日本大震災を受けて、復興のために、また歴史的転換期において、どう未来に向かうのかというメッセージを出せるかどうか、政治家も経済人も、いま本質が問われています。

従業員は社長の考え方に賛同してついていくのですし、お客さんも経営者の理念に共感して商品を選んでいく面があります。個別の経営手法の是非はさておき、ユニクロの柳井《やない》正《ただし》氏やソフトバンクの孫正義氏などは、その代表格だと思います。大企業であるとともに、きわめて中小企業的なのです。

同じ大企業でも、ユニクロやソフトバンクの競合他社の社長の名前をほとんどの消費者が知らないわけですから、その存在は対照的です。

しかも、柳井正氏や孫正義氏は、ワンマンなだけのカリスマ経営者とは違います。いまの時代に求められているのは、単なる独断専行ではなく、みんなの意見を聞いたうえで社長が決断するということです。

その日に備え、虎視眈々と自分を磨く

転換期はむしろ大きなチャンスである

竹村亞希子《たけむらあきこ》さんの『人生に生かす易経』（致知出版社）という本によれば、易経とは、単なる占いというよりも、世の中の流れや世の理を説明しているものだそうです。

「君子占わず」——物事の兆しの現れ、移り変わりを構造的に理解すれば、占いなどしなくても全体像やその時々の状況判断ができるようになる、と説いているというのです。

易経が説くところで、私がなるほどと思ったことの1つに、「時節を読み、時節に逆らってはいけない」という部分があります。チカラを蓄えるべきときに焦って表舞台に出たり、山を1つ越えているのにその山の頂に固執する、といった「流れに抗った」ときに、人も企業も社会も凶事に見舞われます。

いまは、東日本を襲った大震災も1つの重要な転換期の出来事ととらえたうえで、次の時代に向かい、価値観を入れ替えるべき大変化のとき。歴史的・文明レベルの転換期と言えるでしょう。見方を変えれば、私たちは、未来への飛躍のときをうかがって、自分への投資・蓄えを行える絶好のタイミングだと言えます。

これまでのやり方が通用しなくなり、まったく新しい価値観や仕組みが求められているということではとてもたいへんなときですが、逆にこれ以上ない大きなチャンスなのです。なぜなら、上にどっかりと居座っている人たちの下で甘んじることがなくなるかもしれません。自分をしっかりと磨きながら世の中の流れに自分なりに目を凝らしていれば、チャンスは必ず訪れます。

前述のように、リーダーを求めている会社はそもそもたくさんあります。さらに、これからの新しい時代に立ち向かうために、また足元の厳しい事業環境を乗り越えるために、どの会社でも、優秀な経営者だけでなく、優秀な部長や課長が欲しいのです。

私は全員が社長を目指す必要はまったくないと思っています。一方で、より主体的な仕事ができるようになり、自己実現をし、満足できる収入を得て家族を守っていくためには、プロフェッショナルリーダーを目指すべきではないでしょうか。

最後に、6000人以上のエグゼクティブとお会いしてきた私が、彼らから学び、行動基準としている30の項目を挙げておきます。ほかの講師の話も参考にして、日々精進しながらこれらを実践すると、必ず良い結果が待っています。プロフェッショナルリーダーを目指すみなさんの力で、難局を乗り越え、豊かで力強い日本を築いていきましょう！

【経営者JP　WAY（行動基準）】

基本10原則

①シンプル：可能な限りシンプルなやり方、仕組みを創る！
②フォーカス：取り組みの焦点を明確に！
③スピード：クイックアクション！　すぐやる、やり切る！　撤収も速やかに！
④アクション・オリエンテッド：成果につなげる！　仕事のための仕事は禁止！
⑤ミート・ザ・ゴール：目標達成のための貪欲さ・しつこさをつねにもつ！
⑥オープン：情報公開・共有の徹底！　開かれた議論にもとづく意思決定を行う！
⑦ワンソース：情報源は1つに！
⑧イマジネーション：すべてのことに想像を膨らませ、創造力を発揮する！
⑨コラボレーション：協業によって相乗効果を発揮する！
⑩パッション、パワフル&エレガント：情熱的に、力強く、美しく！　小さくまとまらない！

行動指針10原則

①リターン・オン・インベストメント：投資対効果をつねに考える！
②ソートフル・アクション：仮説をもち行動する！ 10分後の世界、1日後の世界を見る！
③ゴール・オリエンテッド：ゴールからさかのぼっていまの行動を決める！
④ゼロ・リセット：しがらみにこだわらない。勇気をもってゼロクリアする！
⑤シンク・ディファレント：つねにありきたりに陥らない。プラスアルファの付け加えにこだわる！
⑥プロデュース：ニーズに乗るだけではなく、ニーズを創れ！
⑦ラーン&セルフデベロップ：すべてのことから何かを学び、自己成長を心がける！
⑧アヘッド・オブ・スケジュール：スケジュールに先行しようとする習慣を身につける！
⑨ロールプレイング：ゲームのように仕事を楽しむ！ 自分の配役を楽しむ！
⑩ネットワーキング：共通項の輪、異質・異文化の輪、双方を大切に！

ビジネススタンス10原則

①クリエイティブ&クオリティ：圧倒的な質の実現！　高付加価値型サービスの追求！

②フェアネス：機会の平等、ルールの平等を貫く！

③エンパワーメント：役割と目標、権限と責任を積極的に委譲する！

④リアリティ：つねに実現可能性を踏まえる！　推し量る！

⑤エンジョイアブル&エキサイティング：つねにわくわく働ける環境づくりを！

⑥キャスティング：適材適所で個の潜在力と個性を爆発させる！

⑦フレームワーク：結果ではなく、方法論・考え方・軸を共有する！

⑧ストラクチャー：社会や産業の構造変化に注目する！

⑨ビッグ・ピクチャー：大きな絵を描く！　大局、全体像から仕掛けをつくる！

⑩システマチック・レバレッジ：相乗効果、乗数効果の見込める仕組みづくりを試みる！

講師紹介

第1講 成長戦略

山田 修 やまだ・おさむ

MBA経営代表取締役。1949年生まれ。学習院大学大学院修了（国文学）。20年以上にわたり外資系企業4社、日系企業2社で社長職を歴任。不調業績をすべて回復させるなどして「再生請負経営者」と評される。フィリップス社長在任中に経営学博士課程を修了。『あなたの会社は部長がつぶす！』（フォレスト出版）、『実践！ 企業再生52週間プログラム』（ダイヤモンド社）など著書多数。

第2講 組織戦略

新 将命 あたらし・まさみ

国際ビジネスブレイン代表取締役。1936年東京生まれ。早稲田大学卒業。ジョンソン・エンド・ジョンソン、フィリップスなど、グローバル・エクセレント・カンパニーで社長職（3社）、副社長職（1社）を歴任。伝説の外資経営者と呼ばれる。2003年より住友商事を含む数社のアドバイザリー・ボード・メンバー。『経営の教科書』（ダイヤモンド社）、『伝説の外資トップが説くリーダーの教科書』（武田ランダムハウスジャパン）など著書多数。

第3講 マーケティング戦略

池本克之 いけもと・かつゆき

パジャ・ポス代表取締役。1965年神戸市生まれ。ノンバンク、海外ホテルマネジメント、医療系マーケティングを経験後、生命保険営業で全国トップクラスに。その後、通販ビジネスに経営参画し、ドクターシーラボ社長、ネットプライス社長などを歴任。現在、経営プロコーチとして、企業の業績向上に貢献している。主な著書に『社長の勉強法』（アスコム）、『年商3億円を120億円に変える仕事術』（大和書房）などがある。

第4講　競争戦略

福田秀人　ふくだ・ひでと

サステナブル・リサーチ代表、立教大学大学院兼任講師、ランチェスター戦略学会副会長、海上自衛隊幹部学校講師。1949年生まれ。慶應義塾大学大学院博士課程修了。以後、コンサルタントや会社役員として、中堅・大企業の競争戦略や管理職研修に携わり、立教大学大学院教授、横浜国立大学や慶應義塾大学などの非常勤講師も歴任。著書に『ランチェスター思考――競争戦略の基礎』『ランチェスター思考Ⅱ――直観的「問題解決」のフレームワーク』（ともに東洋経済新報社）など。

第5講　リーダー論

井上和幸　いのうえ・かずゆき

経営者ＪＰ代表取締役社長・CEO。1966年群馬県生まれ。早稲田大学政治経済学部卒業。リクルート、人材コンサルティング会社などを経て、2010年２月より現職。人材コンサルタントとして、企業の経営人材採用支援、経営組織コンサルティング、経営人材育成プログラムを提供している。著書に『「社長のヘッドハンター」が教える成功法則』（サンマーク出版）など。

編者紹介

(株)経営者JPが主催する，経営者・リーダーのための実践経営講座（主任講師：山田修）．厳しい経営環境でも勝ち続ける成長戦略を立案できるようになりたい，経営体質を改善したいなど，現状に危機感を抱き，変革・創造の意欲にあふれる経営者・幹部がこぞって参加．これまで経営者として実績を残してきた講師陣が，机上の空論ではなく，実際の経験をもとにしたぶれることのない経営の鉄則を徹底的に指導するとともに，受講生が自社の課題をもとに経営戦略を構築する．また，特別講師による経営の原理原則，急成長のためのマーケティング，経営者としてのリーダーシップなど，実践にもとづくスキルを伝授する特別講義も人気を呼んでいる．

http://www.keieisha.jp/kbc/

プロフェッショナルリーダーの教科書

2011年7月7日　発行

編者　経営者《けいえいしゃ》ブートキャンプ
発行者　柴生田晴四
〒103-8345
発行所　東京都中央区日本橋本石町1-2-1　東洋経済新報社
電話　東洋経済コールセンター03(5605)7021
印刷・製本　廣済堂

本書のコピー，スキャン，デジタル化等の無断複製は，著作権法上での例外である私的利用を除き禁じられています．本書を代行業者等の第三者に依頼してコピー，スキャンやデジタル化することは，たとえ個人や家庭内での利用であっても一切認められておりません．
Ⓒ 2011〈検印省略〉落丁・乱丁本はお取替えいたします．
Printed in Japan　ISBN 978-4-492-53287-4　http://www.toyokeizai.net/